小学館文庫

元サラ金マン懺悔の告白

実録「取り立て屋」稼業

杉本哲之

小学館文庫

序章

三月×日、午後七時。派遣工員をしているSという男の自宅に向かった。Sには七五万円の債務があり、すでに五カ月近くも滞納している。

自宅に到着し、ドアを何度も叩《たた》くが、誰も出てこない。ボロボロの借家は雑然としており、家の周りには雑草が生い茂っている。物干しにはよれよれの作業服がぶら下がっていた。無性に腹が立つが、本人不在では取り立てもできない。その日は訪問通知をポストに投函して引き返した。

後日、友人と偽って同居の母親からSの居所を調べ上げると、Sは内妻の家に転がり込んでいることがわかった。今度は絶対に回収しなくてはならない。

内妻宅のドアベルを鳴らすと、無警戒のSが出てきた。驚いた表情を確認した瞬間、一発声を張り上げる。

「泥棒だ、あなたは！　借りた金を返さない泥棒だ！」

こちらの先制攻撃が確実に効いている証拠に、本人はひどく驚いた表情を見せている。小さくなっているSに事情を聞くと、自宅には帰らずに逃げ回っていたという。

その話を聞いて腹を立てた私は、ガンガンと責め立てた。Sはかなり怯《おび》えている様子だった。白力ではどうにもならないので、母親に借りて返済すると約束。数日後、Sは自殺をはかるが、未遂に終わる。母親が来店し、七五万円を一括返済した――

五月×日、午後八時。場所は都内高級住宅街の一角。築一年ほどと思われる新築二階建てにNは住んでいた。

家の前までやってくると、門の明かりは消えていた。回り込んで居間の辺りをのぞいてみると、かすかに明かりがもれている。なかに人がいるのは確実だ。

門のところに戻り、インターホンを押すと、居間の明かりが同時に消えた。門をくぐり、玄関のドアを叩きつけ、Nの名前を呼ぶが応答がない。

「いらっしゃっているのはわかってますから、出てきてお話をしましょう！」

私の声が届いたのか、なかから女性の声が聞こえてきた。おそらくNの奥さんだろう。

しかし、奥さんは一向にドアを開けようとしない。しびれを切らした私は、「ドアを開けてお話をしましょう、奥さん！」と声を張り上げる。奥さんは「帰ってください」というが、ここで帰ってしまっては仕事にならない。五分ほど押し問答をしていると、ドアの向こうからドタバタとこちらに駆け寄ってくる異様な音がした。ドアから少し引き下がって様子をうかがっていると、「キィ〜！！！」という奇声が聞こえ、ドアから奥さんが飛び出してきた。

驚いた私は一目散に走り出す。少し走ったところで後ろを振り返ると、髪を振り乱した中年の女性が、恐ろしい形相で追いかけてきた。手にはクリスタルの花瓶が握られている。鬼の取り立て屋と呼ばれたさすがの私も命は惜しい。その日は貸金回収をあきらめて、ただただ逃げ帰るしかなかった。

後日、近所の人から話を聞いた。Nは多額の債務を抱えたまま若い愛人と失踪《しっそう》していた。連日連夜、人相風体の悪いチンピラ風の男たちが自宅へ押しかけ、怒鳴り散らしているという。おそらく闇金だろう。Nの奥さんは、裏切られたショックと過酷な取り立てが原因で精神を病んでいたようだ。

結局、離れて暮らすNの両親が代位弁済した。これで五五万円が一括完済された——

八月×日、午後七時。目的のアパートは、都内某私鉄の線路沿いにあった。債務者のUは二〇代の男で、フリーター。九四万円の債務があり、約一カ月返済を行っていない。

共同アパートの玄関に入ると、共同トイレの臭《にお》いが立ち込めている。Uの住む三号室の前には裸電球がぶら下がっている。ドアには他社からの訪問通知が二通挟んであった。

部屋の明かりは消えているが、かまわずドアを激しく叩く。反応はないが、電気メーターを見ると動いている。Uは必ずなかにいる。

「Uさん、メーターが勢いよく回っていますよ！」

するとドアが開き、本人が現れた。

「すいません」

と、Uが頭を下げた。Uの肩越しに部屋のなかを覗《のぞ》くと、ゴミが散乱し、異臭が漂っている。

本人はペコペコと頭を下げ、目に涙を浮かべて「待ってくれ」の一点張り。これまでも借金で、実家の両親、友人、アルバイト先の同僚にも迷惑をかけ続け、もはや誰も助けてくれない。しかし、そんな話は私には関係ない。今からバイト代を差し押さえると脅しをかけると、「それだけは勘弁してくれ」と顔を引きつらせる。二〇～三〇分居座り、取り立てを続けていると、「闇金から金を借りてくる」といって外に出て行った。

三〇分後、Uは闇金から一万円を借りて、私のもとへ帰ってきた。無事に貸金の回収が達成できた――

これらの話は、二〇〇一年一〇月から二〇〇六年三月までの間、私が実際に行ってきた数多くの取り立てのほんの一部を再現したものだ。特に誇張しているわけでもなく、かといって過小に表現しているわけでもない。サラ金（消費者金融）に勤めていた四年半の間、ごく普通の日常業務として行ってきた貸金の取り立ての一幕だ。

サラ金の取り立てというと、どうしても荒々しいイメージが先行してしまうため、時には暴力的な行為さえも行われているのではないかと考える人もいるかもしれない。だが、サラ金の取り立て屋が暴力を振るうことはまずないといっていい。

では、暴力を振るわなければ許されるものなのだろうか。確かに暴力を振るわなければ、直接相手に肉体的な打撃を与えることはできないかもしれない。しかし、言葉の力というのは、時として暴力よりも過酷で残忍な力を発揮する。人の心に鋭い刃を突き立て、その人間の人生をメチャクチャにしてしまうだけの恐ろしい魔力をもっているのが言葉というものだ。私は四年半もの長い間、そうした言葉の残忍な力を振りかざし、延べ何千人という債務者の生活を地獄へと追いやってきた。

取り立てという名のもとに、次から次へと人を追い込んでいく毎日。人を思いやる感覚は麻痺《まひ》し、取り立ての翌日に入金が確認されれば、あたかもゲームでスコアを獲得したような楽しさを覚えていた日々だった。当時の私にとって、借金をして金を返さない人間は〝クズ〟であり、彼らを追い込むことは当然のことだった。罪悪感のようなものを覚えることは一度もなく、それが自分の仕事だと、貸金を取り立てることに毎日必死になっていた。

ところが私は間違っていた。間違っていたことをしていたために、私は耐え切れないほどのストレスをため込み、今度は自分自身を追い込むようになっていた。

他人の痛みを知ることは難しい。自分自身が耐え切れないほどの痛みを感じるようになってはじめて、非情な取り立ては仮想世界の中で繰り広げられるゲームではなく、現実世界に生きる生身の人間の命をも左右する深刻な〝暴力〟であることに気がついた。このことに気がつくまで、私はどれだけ多くの人を傷つけてきたことか。

サラ金は人の不幸を助長する存在であり、

その汚さや醜さを多くの人たちに知ってもらいたい――

これが私の今の偽らざる気持ちだ。そして、その気持ちがこの本を書くにあたっての動機になった。

前述したように、本書に書かれているサラ金の内幕に関する内容は、私がサラ金に勤めていた〇一年一〇月から〇六年三月までのものである。私が会社を退社した直後の〇六年四月、金融庁は業界大手のアイフルに対し、強引な取り立てを行っているとして三～二五日間の業務停止命令を下した。それ以降、サラ金各社は私が行ってきたような悪質な取り立てを控えるようになったのも事実である。

とはいえ、現時点でも多重債務の問題で悩んでいる人たちはたくさんいる。戦後最長の好景気が続いているといわれるが、その恩恵を得ているのは一部の人間だ。中小企業に勤めている人や非正規社員として働いている人の賃金はカットされ、子どもの養育費や教育費、家族の生活費を補填《ほてん》するためにやむを得ずサラ金から借金をしてしまったという人も多い。確かに、借金をしてしまったのは債務者当人の責任だろう。しかし、「格差社会」といった言葉に代表される社会構造の急激な変化も、多重債務者を生み出してしまった遠因ではないだろうか。

本書では、私が当時実際に行ってきた取り立ての内容をできるだけ詳しく明かしていきたいと思っている。

サラ金の手の内を明かすことによって、現在、多重債務で苦しんでいる人たちに再起のための何らかの手がかりを与えること――それは私にとって過去の非情な行為に対するささやかな罪滅ぼしでもある。

四年半という長い年月を経て、最後には私自身も「サラ金」という職業がもつ非情さに打ち負かされ、いつしか思い悩むようになっていった。

本書を手にした人のなかには、いま現在多重債務に陥り、取り立てに苦しめられている人もいるかもしれない。しかし、取り立て屋たちを過剰に恐れる必要はない。非情に見える彼らも普通の人間であり、いつ崩れ去るとも知れない生身の人間なのだ。そんな彼らに追い詰められ、自分の人生を台無しにしてしまうことほどバカげたことはない。

〇六年一月一三日、最高裁は貸金業規制法の第四三条（みなし弁済規定）について画期的な判断を下した。その判断の内容は、利息制限法に定める制限利息を超過する利息を支払うことが事実上強制される場合、これを任意に支払ったとはいえず、有効な利息であると見なすことはできないというもので、それまでサラ金が年利設定のよりどころにしてきた出資法で定められた二九・二％までの年利を否定し、利息制限法という民法上の法律で定められた利率である年利一五〜二〇％を超過してはならないというものだった。

最高裁が下したこの判断の影響は大きく、その後、サラ金や多重債務者をめぐる環境は劇的に変化した。しかし、多重債務の問題が完全に解決するまでにはいたっていない。

政府・多重債務者対策本部有識者会議の二〇〇七年四月の発表によれば、現在、サラ金を利用している人は約一四〇〇万人。さらに、このなかで多重債務に陥っている人は二〇〇万人以上も存在するという。サラ金を利用している人がこれほどまで多く、多重債務者の数も二〇〇万人超となると、多重債務の問題は決して特定の人に限ったものではない。

多重債務の問題は、しっかりとした本人の意思さえあれば法に基づいて必ず解決することができる。もし問題を抱えて苦しんでいる人がいれば、この本に書かれていることを問題解決のために役立ててほしい。

この本が少しでも多くの人の目に触れ、多重債務問題への理解を広めることになることを願っている。

元サラ金マン懺悔の告白

実録「取り立て屋」稼業

もくじ

第四章　サラ金の醜い姿　85

第一章　転職先は消費者金融

就職先を一年で辞める

一九九六年、地元の高校を卒業した私は、都内の大学に進学した。大学では応援団に所属し、四年のあいだ男臭さにどっぷりと浸った大学生活を送った。そして二〇〇〇年、大学を卒業して就職することになったのだが、最初からサラ金に就職したわけではなかった。

当時は今と違い、日本は不景気の真っ只中《ただなか》にあり、深刻な就職難でもあった。潰《つぶ》れないといわれた銀行も倒産するような状況で、東芝、松下電器産業、富士通、三洋電機、三菱電機などの大手メーカーも凄《すさ》まじいリストラを繰り広げていた。自動車メーカーの日産も経営難に追い込まれ、経営が危ぶまれていた時期だった。実際、同級生の父親たちのなかにもリストラされてしまった人たちがいるような状況だった。

私の世代は、希望する仕事に就職できなかった世代である。ここ数年、ニート、フリーターといった問題がしきりに報道され、その後、非正規社員、ワーキングプア、ネットカフェ難民などといった言葉を耳にするようになったが、そうした話題の中心的な存在が私たちの世代の若者だ。大学の卒業が差し迫ってきても、ほとんどの人が納得できる就職先を見つけられず、就職できるところといえば給料がとても安い会社ばかり。「就職するのが馬鹿らしく思えてくる」と何人もの同級生たちが嘆いていたのを今でもよく覚えている。

たまたま私は応援団に所属していたので、就職面では人より恵まれていたと思う。さらに、私には大企業に就職したいという強い願望もなく、以前から社会福祉に興味があったので、医療系の会社に行きたいと考えていた。この先、ますます高齢化社会になっていくこともあり、医療系の会社の先行きは明るいはずだという漠然としたイメージをもっていたのだ。

同級生が大企業に狙いを定めて就職活動を繰り広げるなかで、私はとある中堅の医療メーカーから内定を得ることができた。入社後は営業部への配属となり、営業マンとして第一歩を踏み出すことになったのだ。

会社は、病院に紙おむつや糖尿病患者用の食品などを卸している会社だった。給料は安かったが、社会に貢献し、人のためになる仕事をしたいと考えていたので、やりがいを感じながら充実した毎日を送っていた。

入社直後、先輩の営業マンに同行し、ルートセールスや飛び込み営業を繰り返す日々が続いた。他社との競合も激しく、パイの奪い合いという感じだった。どの業界でも同じかもしれないが、新しい取引先を掴《つか》むというのは並大抵の努力では実現しない。しかし、そういった泥臭い営業に格好の良さを感じていた。

ところが不況の波は、私の部署にも降りかかってくるようになる。赤字が膨らみ過ぎたため、会社は事業の見直しを迫られ、病院関係の事業から撤退したいという方針を発表したのだ。それはつまり、私のいた部署がなくなってしまうことを意味していた。

昨日まで働いていた職場がなくなってしまう。ショックだった。急遽《きゅうきょ》、本社に呼びだされた私は、もう営業の仕事はやらなくてもいいといわれ、今後は人事部で働いてほしいと告げられた。

人と話すことが好きな私は、営業という部署で人と接しながら働くことこそが自分にとって適職だと考えていた。人事や総務、経理といった仕事は、もっとも自分に不釣り合いな仕事ではないか。さらに内勤となると、営業に比べ給料も安くなる。具体的な説明を聞いてみると、やはり手取りで五万円ほどのダウンになるらしい。会社の業績の落ち込みはかなり深刻なようで、四〇歳を過ぎた人たちはリストラの対象となり、そうした会社の方針に納得できない先輩社員たちは、一人、二人と会社を去っていった。

会社の方針に賛同しかねていた私だったが、だからといって先輩たちのようにすっぱりと退職する判断もできかねた。なにしろ入社一年目である。初めて就職した会社を一年足らずで辞めてしまうことには抵抗があった。そうしたこともあって、しばらくあいまいな態度を取っていたのだが、あるとき本社の人間から、「気に入らないなら辞めろ。『手切れ金』は渡すから。それですべて後腐れないようにしてくれ」といわれ、「ふざけるな」とカッとなってしまった私は、会社を辞める決意を固めたのだった。

今思い返せば、その会社もそんなに悪い会社ではなかったのかもしれない。辞表を出した私に、「退職後、二カ月間はタダで寮を使っていい。その間に就職活動をしなさい」といってくれ、退職金という名目で三〇万円を支給してくれたのだから。

本来であれば、その時点で実家に帰ってくれれば良かったのだ。私はまだ二四歳だった。地元に帰れば、第二新卒という形で就職先が見つかったことだろう。しかし、私には変な意地があった。せっかく東京まで来たのだから、東京で独り立ちしたいという意地だった。結局、地元には帰らずに、東京で再び就職することを目指すことにしたのだった。

"金融機関"への就職に興味をもち始める

さっそく次の仕事を見つけようと就職活動を始めた。しかし、求人数が非常に少なく、「これが不景気なのか」と身をもって思い知らされるようだった。

それまで私の頭のなかには、医療福祉関係の仕事をやりたいという希望しか存在していなかった。その道から一度外れてしまった今、私は次の目標を思い描くことができずにいた。自分の進むべき方向を完全に見失っていたのだ。

「一体、俺は何をやりたいのだろう。何をするために東京にいるんだろう」

こうした思いにとらわれ、しばしば孤独感に苛《さいな》まれるありさまだった。

就職難を乗り越え、それぞれの会社に入社した同級生たちは、就職後一年を経て、社会人として生き生きと働いていた。そんな彼らにたまに会うと、「夜の一〇時までこき使われて、しんどいよ」などという愚痴を聞かされた。しかし、私にとってそれは社会人として自立している証《あかし》に映り、うらやましいばかりだった。そんな話を聞くにつけ、「何やってんだろう、俺は」という思いは募るばかりであった。

退路を断たれた心境になりながら、ハローワークに通う日が続いた。求人票を眺めているとよく目についたのが、サラ金各社の求人広告だった。興味本位で初任給を見てみると、ものすごくいい。通常はどこの会社も給料は二四万〜五万円というのが相場なのだが、サラ金はどこも二七万円ぐらいの金額を提示していた。

その当時、世間では商工ローンの日栄による過酷な取り立ての実態が問題になっていた。日栄は、返済金を用立てることができない債務者に対し、「目ん玉売れ、腎臓《じんぞう》売れ」などと怒鳴り散らし、脅迫まがいの取り立てを行っていた。

こうしたニュースを目にしていた私にとって、サラ金のイメージは悪いものでしかなかった。もしサラ金に就職すれば、借金をしている人を相手に「借りたものを返さないとは、どういうことだ、コリャー！」などと怒鳴り上げ、借金取りの毎日を送ることになるのだろうということは容易に想像できた。それは自分には考えられない選択肢だった。

ところが、いつになっても仕事が見つからない。次第にあせりの気持ちが大きくなってくると、毎回よく目にする「初任給二七万円」という数字が気になるようになっていった。

医療関係の仕事に就きたいという確固たる願望があったときは、給料の多寡など一切気にしなかったのに、いったんそれから外れてしまった途端に、仕事を選ぶ基準が「社会への貢献度」や「人のためになれるか」ということではなく、単純に「いくらもらえるか」に変化していたのだ。残念なことに、その当時の私は自分の価値基準が変化していることにまったく気づいていなかった。結局、魅力的な初任給額に誘われるまま、サラ金大手といわれる会社の有価証券報告書をインターネットで調べたり、それらの会社の新卒向けパンフレットをハローワークで見せてもらったりするようになっていた。

それらの会社の概要や財務状況などを調べてみると、各社とも私が抱いていたイメージとはまったく違い、ダークなイメージは一切なかった。ほとんどの会社が東証一部上場企業、つまり世間では一流企業といわれる部類の会社だった。平成大不況の真っ只中、失業率も高く、倒産する会社が多かった時期に、サラ金各社はどこも高収益を上げていた。特に武富士、アコム、アイフル、プロミスといった最大手は、年間一〇〇〇億~二〇〇〇億円の経常利益を上げていたのだ。

当時、二〇〇〇億円といったら、トヨタやNTT、サントリーといった学生に人気のある企業と同じくらいの経常利益の規模である。また、企業の経常利益ランキングを見れば、武富士、アコム、アイフル、プロミスが必ずランクインしていた。アメリカの雑誌『フォーブス』の世界の長者番付にも、武富士の武井保雄前会長、アコムの木下盛好社長、アイフルの福田吉孝社長、プロミスの神内博喜社長らが常に入っており、サラ金業界が好景気であることを世間にアピールしていた。

そういう情報を徐々に目にしているうちに、サラ金各社に対するイメージは、「儲かっている会社」という、決してマイナスではない新しいイメージに変わっていった。さらに、メガバンクとの提携も始めている会社もあり、悪いイメージは次第になくなっていったのだ。

美人リクルーターから説明を受ける

とはいっても、やはり「サラ金」である。なかなか決断を下すことができなかった。だからといって、他に同じような給料を支給してくれるところも見つからず、せめて説明でも聞いてみようと思い立った私は、サラ金数社のリクルーター（採用担当者）に会ってみることにした。

数人のリクルーターに会ったが、結局、最後に面接してくれたリクルーターが、サラ金で働くかどうか迷っていた私の背中をポンと押してくれることになった。

彼女は私とあまり変わらないくらいの年齢で、しかも美人だった。話し方もソフトでさわやか。それでいて話の端々に知性が感じられる。化粧の仕方も上品で、女性的な魅力にあふれていた。

その彼女が実に率直に話を切り出した。

「履歴書を見ると、名前の通った大学を出ていますよね。現実問題として、就職の際には大学の偏差値がものをいうじゃないですか。うちの会社には、学歴がネックになって銀行などの金融機関に就職できなかった人たちの受け皿のような側面もあるんですよ。それでも本当にうちのような会社でいいんですか？」

さらにこうもいう。

「新卒を入れるときは、私たちも上から怒られてしまうから、頭数をそろえるためにある意味で騙《だま》さないといけないんだけど、中途採用の人は社会経験がある人たちだからあえていうね。はっきりいっていろいろな意味で大変な職場だよ」

こうしたリクルーターの言葉に、私は「特にそういうことは気にしない」と答えた。楽な仕事なんてものは世の中には存在しないと思っていたからだ。

面接も終わりに近づいたころ、私は気になっていたいくつかの疑問をリクルーターに投げかけてみた。

「今日面接を受ける前に、御社の方が『男性社員がぜひほしい』といっていたんですが、なぜですか？」

すると、リクルーターは一瞬黙ってしまった。しかし私はそれにひるまずに、畳み掛けるように言葉を継いだ。

「取り立てがあるからですよね？　どういう取り立てをするんですか？　正直にいってください。私は応援団に所属していたので、怒鳴られたり、ぶん殴られたりするような環境で過ごしてきました。ですから、ちょっとのことでは動じませんので大丈夫です」

すると彼女は、「電話による執拗《しつよう》な取り立てがあります」と答え、「でも、うちは大手なので、世間の人がいっているような暴力的な取り立ては一切しません」と付け加えた。

「私たちも東証一部上場企業だから、当然、金融庁から目をつけられたら営業ができなくなる。絶対に下手《へた》なことはできないし、貸金業を規制する法律もあって、無茶なことはできない」ということらしい。

貸金の回収ノルマもないし（これは大嘘だった）、福利厚生もしっかりとしている。住居手当てもあり、五万円のワンルームに住むのだったら、四万円の住宅手当てを出してくれるという。単身者の身にとって、四万円の住宅手当てというのは、実に魅力的に聞こえた。

給料は手取りで二七万円。ボーナスを入れると年収はおおよそ四〇〇万円ぐらいになり、休みは完全週休二日制。銀行とも取引のある金融機関なので、銀行が営業していないときは休みだという説明も受けた。

それまで数社のサラ金業者のリクルーターと面接をしたが、その会社の彼女がいちばん親切で、具体的かつ率直に業務内容について説明してくれた。また、業界の醜い部分についても、「隠していてもバレちゃうから」といって、正直に話してくれたのも彼女だけだった。

「入社後に嫌なことがあれば、私に相談してくれてもいいし、新人の間はコーディネーターもつけて定期的にフォローするから」とまでいわれ、あとは私の決断次第というような状況だった。

きれいな彼女の話を聞きながら、こんな女性がいる会社なら就職してもいいかなと心が動きかけているとき、驚いたことに、いきなり彼女が私の手を握ってきた。そんな彼女の突然の行動に、私はひどく動揺した。そして彼女は私の目を見つめながら、

「スギモトくん、一緒にがんばろう！」と訴えてきたのだ。

とっさの行動にびっくりした私だが、もちろん嫌な気持ちは起こらなかった。恥ずかしい話だが、女性に手を握られたのはそれが初めてだったのだ。大学時代の応援団

の気質が抜けきらず、「硬派」の人間としての変な意地を張っていた私には、女性の手を握るなどということはまったく考えられないことだった。そんな私が、目の前にいるきれいな女性から一方的に手を握られたのだ。

そればかりではない。彼女から発せられる香水の香りにも相当にやられていた。大学時代から男ばかりのつき合いが多かったせいで、私はとにかく男臭く、汗臭い人間だった。そんな男に、あの香水の甘い香り、あの若い女性の匂《にお》いは本当にたまらないものだった。それにグラッときてしまったのだ。

おそらく彼女は、そうした私のだらしない心のなかを十分に見透かしていたのだろう。タイミングを見計らうかのように、こう語りかけてきた。

「スギモトくん、うちに入ってくれるということでいいんだよね？　一緒にがんばってくれるということでいいんだよね？」

気がつくと私は背筋をピンと伸ばし、大きな声で、「ハイ、お世話になります！」と答えていた。

サラ金は大量採用・大量退社

あとからわかったことがあった。サラ金各社は、毎年軒並み一〇〇人以上の人を採用するのだが、大卒の新入社員を採用してもほとんどの人が一年以内に辞めてしまうのだった。よくよく考えてみれば、四月に新入社員を採用したばかりなのに、私が就職活動をしていた八月の時点で中途採用を大量に募集しているというのはおかしな話ではないか。

サラ金は、尋常《じんじょう》ではない事情を抱えた人にお金を貸している場合が多い。なかには生活費の補填《ほてん》をするためにやむを得ずという人もいるが、目先の現金がほしい人だったり、そのほか、さまざまなトラブルを抱えている人が大多数なのだ。

たとえば男性だったらギャンブルや女にはまっているケースが多く、それが原因で借金まみれになっている。女性の場合は、エステや買い物に浸《つ》かってしまった人をはじめ、マルチ、資格・ダイエット商法、ねずみ講などに引っかかった人が多い。悪質商法のなかには、契約者が支払いに詰まると、「サラ金で借りて来い」と脅迫まがいのことをするところもある。

ホストに貢ぐために借りにくる人もいる。さらに、多重債務のためにすでに融資不可となっている内縁の夫や彼氏から、「おまえ、借りてこい」といわれてやってくる女性も多い。貢ぐことが男性に対する愛の証だと考える女性は、世の中にたくさん存在している。性別にかかわらず、薬物中毒者というお客さんも多い。

毎日のようにこういったお客さんを相手にしていれば、普通の人なら必ず嫌になってしまうことだろう。だから、消費者金融のリクルート事情は、大量採用・大量退社なのだ。しかしこうした詳しい裏事情は、就職し、徐々に業界の内情に触れるようになってからわかったことだった。

第二章　サラ金の内情、教えます

神奈川県下の優良店に配属される

面接を終えてから採用されるまでの時間は、実にあっという間だった。

就職が決まった会社には、北海道、東北、首都圏、関東・甲信越、中部、関西、中国、九州に支社があり、私は首都圏支社が統括している街なかの支店（営業店）に勤務することになった。

出社初日、まずは支社に足を運び、支社長に挨拶をした。

支社長はまだ三六歳という若さで、見た目もスマートな人だった。以前は信用金庫に勤めていたそうで、それを聞いた私は、「元信金マンも勤めているような会社なんだ」という感想を抱き、少し安心した気持ちになった。

その支社長は若いながらも、店長、支部長、そして支社長という具合に順調に昇進してきた人で、まさに叩き上げといった経歴をもつ人だった。のちに接することが多くなると、仕事に関しては非常に厳しい人だということがわかったのだが、部下を怒鳴りつけたりすることは絶対にしない人だった。

次に支部長にも会った。支部長は支社長の片腕のような存在で、中間管理職という位置づけになる。

支部長は以前、製鉄所で働いていた。しかし、肉体労働に耐えられなくなり、オフィスワーク中心の消費者金融に転職してきたとのことだった。髪形をリーゼントにしている彼は、いかにも一般の人が想像する「サラ金の人」というような出《い》で立ちだった。ところが、実際に話してみるとソフトな語り口で、拍子抜けしてしまったのを覚えている。

支社での挨拶を済ませると、次に実際の勤務先である支店へと向かった。その支店は、神奈川県下の、私鉄とJRの接続駅から徒歩一分くらいのところにある、いわゆるサラ金ビルのなかにあった。ビル内には大手サラ金各社の支店が入居しており、最上階にはビルのオーナーが住んでいた。

入社したばかりの私のコーディネーターになってくれた人によれば、私が配属になった支店は非常に業績のいい店で、キャッシング（貸付）の達成率も八つある支社の統括ブロックの中でトップ。支社にとってのドル箱店で、優秀な社員が集まっている店という説明だった。しかし貸金回収率の達成成績がイマイチらしく、その理由は、キャッシングの達成率を良くするために、どうしても無理貸しをしてしまい、その後の回収がうまくいかなくなってしまうからだということだった。

そのコーディネーターの言葉の裏には、その後私自身が行っていく過酷な取り立てを示唆するものが含まれていたのだが、出社一日目の私には、コーディネーターがいった言葉の意味を完全に理解できるはずもなく、「ああ、そうですか」と相槌《あいづち》を打つしかなかった。

支店での勤務

支店に入ると、これからお世話になる店長に挨拶をした。厳しくて、怖そうな人だなというのが第一印象だった。

私の第一印象は的を射ていたようで、この店長は実に厳しい人だった。事実、勤務中に怒鳴られることも何度もあった。しかしそれはあくまで仕事のときだけで、仕事を離れるとものすごく面倒見のいい人だった。

私たち部下は、仕事が終わると時折店長に食事に連れて行ってもらい、「お前らのおかげで目標が達成できた。ありがとう。これで俺たちのボーナス評価もうまくいくだろう。今日はおごるから、好きに飲み食いしてくれ」といい、ご馳走《ちそう》してくれることもあった。

こういった支店のキビキビした雰囲気は、どこか大学時代の応援団での生活と似通っているところがあり、私はこの支店で働くことが徐々に好きになっていったのだった。

サラ金の出世コース

大手のサラ金では、どんな店でも店長になれば、給料が手取りで四〇万円もらえるといわれている。私の店の店長もその例外ではなかった。通常、店長になるのは二七～二八歳だ。大学を卒業し、入社五年目ぐらいで店長になるのがモデルコースといわれている。

その後、五年間くらい頑張って働き、三三～三四歳で支部長になる。そして二～三年後に支社長になるのが理想的なコースとされている。しかし、現実にはそこまで勤める人は非常に少ない。なぜなら、ほとんどの人がその途中で会社を辞めてしまうからだ。それでも、なかには辞めずに着実にキャリアを積み重ねていく人もいて、そういう人にはさらなる昇進のために進むべき出世コースがある。

支社長の先にあるものは、本社勤務だ。本社に行くと、どこの会社にもあるように、経理だとか人事だとかの部署があって、こういった部署の管理職になっていくのが消費者金融のエリートコースとなっている。

とりわけエリートコースといわれているのは、本社の営業推進本部に配属になることだ。営業推進本部というのは全国の支社を統括している部署であり、そこで営業本部長を補佐する仕事に就き、最終的に本部長になることがサラ金の超エリートコースである。

しかし、ここまでいくためには尋常ではない苦労と努力をしなくてはならない。もちろん、普通の企業でも部長になることは容易ではないのは当然のことだろうが、一〇年以上も勤続する人が少ないサラ金業界において、ヘッドハンティングではなく平社員から本部長にまで上り詰める人はごくごく少数だといっていいだろう。

サラ金業界に足を踏み入れたからには、できることなら上を目指したい。こうした出世コースの存在を知った当時の私には、少しでも上に登っていきたいという欲もあり、やる気に満ち溢《あふ》れていた時期であった。

店の規模

私が配属になった支店は、社内では大型店に分類される店で、全国に四〇〇ある店舗の中でも、常に上位一〇〇位に入るような成績優良店だった。

　私の会社では、開設口座が四〇〇〇口座以上あれば、大型店といわれた。大型店の上のランクには特大店というものがあり、一万以上の開設口座を抱えている店が特大店にあたる。たとえば、新宿店や渋谷店が特大店と呼ばれ、毎月一万人以上のお客さんとの取引が行われていた。

　一方、大型店の下のランクは中型店で、規模は約二〇〇〇口座。月末には二〇〇〇人が返済金を入金してくる店になる。その下のランクは、一〇〇〇口座ほどの小型店と呼ばれ、この規模の支店だとあまりお客さんもこない。

　私も一度だけ小型店を手伝いに行ったことがあるが、手伝いに行ったにもかかわらず、お客さんがほとんど来ない状態だった。たまに、おじさんがやってきたかと思うと、一〇万円ほどの小口キャッシングをするような店で、こうした店だと電話がかかってくることもほとんどない。

　では、なぜそのエリアに出店するのか。店舗開発部の人の話によると、「他社も付近で出店している手前、うちも出さなくてはならない」という程度の考えから支店を出しているようだ。

　実際、どこのサラ金も私が勤めていたころは高収益を上げていたので、多少の犠牲を払ってもいいという余裕があったのだ。さらに、そういう地域で他社と競合しながら、どれくらいやっていけるのかということもマーケティング部としては探りたいところだったりもするらしい。

また、支店開設には博打《ばくち》のような要素があることも確かで、「こんなところがどうして儲《もう》かるの?」というところが成績優秀だったりするから不思議なものだ。反対に、ここは儲かっても当たり前だろうと思っていたところが儲からなかったりもする。とはいっても、しっかりとしたマーケティング戦略に基づいた繁盛店の一定条件というものは存在する。

たとえば、店が一階にあると儲からないといわれている。なぜなら一階にある店にはお客さんが入りたがらないからだ。お客さんにしてみれば、サラ金からお金を借りているということは、隠しておきたい事実である。だから人目につきがちな一階店舗は敬遠されるようになるのだ。地方に行けばいくほど、こうした傾向は顕著になっていく。

一方、東京や大阪などの大都市では、知り合いに見られる心配は低いので、こうした傾向は目立たない。事実、一〇階建てのビルのすべてが消費者金融で埋まっているようなサラ金ビルに入っていくことにも抵抗がないお客さんが多い。大都会では、周りの人のほとんどが他人であり、利用者も開き直って堂々とサラ金ビルに入っていけるのだ。

ただし、地方となるとそうはいかない。下手をしたら、友達や隣近所のおじさん、お隣の奥さんなんかに見られる可能性がある。だから、一階や二階は避け、三階か四階に支店をオープンし、それ以外は美容室が入っていたり、理容店だったり、居酒屋が入っていたりする雑居ビルが望まれる。そういうビルであれば、たとえサラ金に用事があっても、「散髪に行っていたんだよ」といい訳をすることができる。人目を気にするお客さんの逃げ場を確保してあげることもサラ金が気を使わなくてはならないことの一つなのだ。

新人社員の私の仕事

私が配属された支店は四階にあった。店長のほかには、店長代理と、入社して二年目の男性社員がいた。そのほか、女性社員が三人。女性は主にカウンターで貸付（キャッシング）業務を担う。入社四年目の女性がキャッシングリーダーで、あとの二人は入社三年未満の社員だった。

キャッシング業務は主に女性社員の仕事となる。男性社員もカウンターでのキャッシング業務に携わることもあるのだが、実際のところ、若い女性社員が「いくらお借りになりますか」と甘く優しい声でセールストークを繰り広げるほうが、お客さんも安心し、貸付業務ははかどっていく。

キャッシングリーダーは二五歳とまだ若かったが、彼女が毎月五〇〇〇万円ほどの貸付を行っていた。他の二人が合計で月二〇〇〇万～三〇〇〇万円ほどの貸し出しを行い、店長が行う三〇〇〇万～四〇〇〇万円の貸付額と合算すると、毎月一億円ほどの貸付があった。

新入りの私の主な仕事は、便所掃除とティッシュ配りだった。ティッシュ配りは週三回行う決まりになっていた。

通常は八時半の出勤なのだが、ティッシュ配りの日は八時に出社し、九時までの時間を配布に専念する。毎回、大量のティッシュを用意していくのだが、消費者金融の無料ティッシュは多くの人に人気があり、いつもあっという間になくなっていった。

図々しい中年のおばさんなどは買い物袋を持ってきて、「ちょっとあなた、ここに入れてよ」と頼んできたり、若い女性が「サラ金のお兄さん、ティッシュ頂戴」といってきたりもする。意外だったのは、「朝からいつもご苦労様。あなたみたいな若い人ががんばっているから、おたくの会社は儲かっているんだな」とか、「上場企業だけあって、しっかりやっている。うちの社員にあなたの働いているところを見せてやりたい」といってくる人たちもいたことだ。思ってもみなかった通行人の反応だったが、こうした一言が仕事に対するやりがいを感じさせてくれたことも事実で、私は週三回のティッシュ配りが好きだった。

会社の人から聞くまでは知らなかったのだが、二〇年以上前はマッチを配っていたのだという。ところが、当時、タバコを吸うのは基本的に男性だったこともあり、女性はあまり受け取ってくれなかった。そこで、女性の顧客を増やしたいと考えた武富士の故武井保雄前会長が、ティッシュ配りをやりはじめたという話だ。

これはあくまでも噂話だが、どうも武井さんは鼻炎持ちだったらしく、あるときいつものように鼻をかもうとティッシュに手を伸ばしたところ、「これだ!」とひらめいたらしい。そうしてさっそくティッシュを配りはじめたら、これが大好評で武富士の知名度はどんどん上がっていったのだという。それを私の会社やその他のサラ金各社が真似《まね》したのだ。

いまやティッシュ配りといえばサラ金というほど、すっかり定着してしまったサラ金業者によるティッシュ配りだが、原点は武井前会長の鼻炎にあったというのが、業界で語り継がれている噂話である。

金銭感覚の麻痺

私のいた支店では、毎月一億円ほどのお金の貸付があったという話をしたが、これだけ多額のお金を扱っている以上、経理が合わないといつも大変なことになった。出入金の確認は営業時間終了後に毎日行われる。一〇〇円程度の過不足なら、どうにか調整することも可能だが、支店によっては数十万円の不足が生じるといったケースも出てくる。働いている側は、金額の間違いがないように常に細心の注意を払ってお金を扱っている。そのため、一〇万円単位での不足金がでるというのはなかなか考えづらい。もちろん、単純なミスということもあるだろうが、突き詰めて考えてみれば、やはり店舗の人間が自分のポケットに入れていると結論せざるをえない。

大型店で月一億円、特大店では数億円というお金が動く。月一億円としても、日割りにすると一日平均五〇〇万円前後のお金が出入りするのだ。二〇歳そこそこの若者がそうした多額のお金を銀行から引き出してきたり、預け入れたりする。こうしたことが日常化すると次第に金銭感覚が麻痺《まひ》してしまう人が出てきても不思議ではなく、魔が差して自分のポケットに入れてしまうのだ。

サラ金業界では、確実にこうした横領事件が起きている。ところが、警察に社内を調べられることを嫌うサラ金は、こうした事件を決して表沙汰《おもてざた》にすることはない。

銀行などでの横領事件では、女性による犯行のケースが多々見受けられるが、サラ金ではお金を横領するのはほぼ男性社員である。女性社員が横領することはほとんどないのだ。その理由は、サラ金では、新人が入社する際に保証人を二人取ることになっているからで、ほとんどの新入社員が両親に保証人になってもらっている。こうした場合、一般的にいって男性より女性のほうに、「親に迷惑をかけられない」という心理が働くようで、そのため女性が横領に手を染めるケースはほとんど見られないのだ。

ちなみに、私も両親に保証人になってもらい、会社に就職した。息子の就職先が消費者金融だと知った母親は、「そんなところに勤めるなら、実家に帰ってきたらいいじゃないの」といったが、父親の反応はそれとは違っていた。

「サラ金だって立派な金融機関だ。商売柄、これまで接することのなかったようなさまざまなタイプの人間とも接することになるだろう。社会の底辺を見ることになるかもしれないが、若いうちにそういう経験をするのもいいことだ。一生懸命やってみろ」

父親が指摘したことは正しかった。このあと私は、さまざまなタイプの人間と実際に接することになる。

完済は最悪のシナリオ

サラ金というのは実に単純な商売をしている。貸したお金に利息をかけ、それを受け取って、利益とする。つまり、貸したお金をすべて返されることは、利益の源泉となるものを失ってしまうことを意味し、サラ金にとっては好ましくないことになる。

たとえば、一〇〇万円弱の債務を負っていたお客さんが嬉々《きき》として来店し、一〇〇万円をポンとカウンターに置いたりすることがある。すると、それを見た女性社員は「ちょっとお待ちください」といい残し、店長のもとに駆けつける。こういったことは、どこの支店でもよく見られる光景だ。

「店長、一〇〇万円です！」

女性社員が慌てた様子で報告を挙げる。店長が急いで顧客情報のなかから残元金を確認すると、一〇〇万円で完済されてしまうことが判明する。そうなると、支店内は一瞬静まり返り、その後、「マジでぇー、それはまずいよ」という雰囲気が流れるのだ。

「この人、ちゃんと稼いでいる人みたいだったもんな。先月、営業したとき、景気のいい話してたもの。たしかボーナスが入るとかいってたもんな」

カウンターの奥ではこうしたヒソヒソ話が交わされる。もちろん支店側も黙っているわけではなく、女性社員は「完済止め」の努力を行わなくてはならない。

金融庁の事務ガイドラインでは、「返済拒否等により債務額の維持を図ることはしてはいけない」と記されており、「完済止め」という行為は明らかにそのガイドラインに違反することになるのだが、どの店もキャッシング達成率を維持するためには背に腹は代えられず、これを回避するためにあらゆる努力を傾けることになる。

「○○さん、実はですね、今日はちょっとですね……。明日返してくれませんか？」

「とりあえず五〇万円だけは受け取りますから、あとの五〇万円の枠だけは残してもらえませんか？　のちのち御入用のこともあるかもしれませんので、五〇万円はそのままおもちください」

カウンターの女性社員は、都合のいい言葉を次から次へと並べ立て、引き続きお客さんから利息を受け取れるように仕向けていくのだ。

それでもお客さんが納得してくれなければ、

「全部返してしまうと、うちとの取引が終わってしまいますので、それだけは勘弁してください。こちらも長いおつき合いをしたいと思っておりますので、何とか今日は五〇万円だけの返済ということでお願いします」

と、卑屈なまでのお願いをすることもある。

ここまでお願いしてもお客さんがどうしても完済したいとなれば、さすがにこれ以上は無理強いをすることはできない。支店としては、利益の種になるものが減ってしまうので、店長をはじめとした社員たちは、「うわーっ」といって頭を抱える羽目になる。

完済をくらってしまった支店は、失った分の貸付残高をどこかで穴埋めするために、別のお客さんに新規で一〇〇万円の貸付をしようと躍起になる。しかし、一〇〇万円というお金を貸し付けるのはそんなに簡単なことではない。特に月末になって予期せぬ完済入金がなされると、順調だと思っていたキャッシング達成率が一挙に下がってしまうので、社員一同「こりゃー大変だ！」ということになるのだ。

お客さんは「生かさず殺さず」

サラ金にとっての金科玉条は、ずばり「客を生かさず殺さず」である。できるだけ多く貸し、完済をくらうのを抑制しながら利息入金だけをしっかりともらう。これがサラ金にとっての至上命題といえる。

中堅業者のなかには、ガイドラインに反しているとわかりながらも、「本日は利息のみの返済しか受け付けられません」とか、「本日は一万円しか受けられません」などと強弁し、客からの入金を拒否するところも実際に存在する。本来、元金を返していかなければ借金が膨れ上がるばかりなのだが、サラ金で金を借りている人には切詰まった人たちが多く、不思議なことにこうしたカラクリに気がついていない人や、わかっているのに元金返済を先延ばしにしてしまう人が多いのが現実だ。

全国のクレジット・サラ金被害者の会などは、こうしたサラ金の手法を、金融庁の事務ガイドラインに違反する詐欺商法であると非難する。確かに救済団体のいっていることは正論なのだが、サラ金で働いている人間にはそうもいっていられない事情がある。

月末になると、その月の貸付残額実績を増やすために、本社からは「どんどん貸せ」といわれる。支店ごとに課されているキャッシング達成率がクリアできなければ、当然、自分たちの成績に響いてくる。月々の給料は固定されているが、成績が悪ければボーナスの支給が減らされることになるのだ。

もちろん、こうしたことはサラ金側の勝手な事情なのだが、人はこうした競争原理にさらされると、どうしても欲が出てくる。「給料やボーナスは一万円でも多くもらいたい」というのが人情である。そこで、当然、月末になるとどの支店も殺気立つようになる。

私の支店も毎月殺気立っていたものだ。特に私の支店の場合、店長が上に行きたいという志をもっていた人だったので、積極的に貸付ようとする。結果として、法律すれすれ、もしくは法律を犯しているような強引な貸付もせざるを得なかった。

たとえば、こういったことをする。

お客さんの年収が二〇〇万円なのに三〇〇万円と申告させて五〇万円の貸付をしてしまったり、債務状況から勘案して一円たりとも貸してはいけない人に三〇万円ものお金を貸してしまったりするのだ。

五〇万円以上の貸付をする場合、給与証明書、源泉徴収票などの提示を求め、収入を証明してもらわなくてはいけないのだが、不動産業を自営していることにし、収入を証明する書類を偽造してでっち上げ、強引に貸し付けることもあった。

こうした行為は「属性の改ざん」といわれ、貸金業規制法に抵触する行為なのだが、ノルマ達成のためになりふり構わず行ってしまう。

お客さんのなかには給料前の急な出費のために、短期の借入をする人たちもいる。こうした人たちは、利息がかさむ前に返済してしまうので、サラ金にとってはうまみのあるお客さんではない。

ところが、そうしたお客さんでも一度サラ金からお金を借りてしまえば取引履歴が残り、その人の名前は〝カモリスト〟に記録されてしまう。普段なら、あまりうまみのないお客さんということになるのだが、月末になってもキャッシング達成率がクリアできていない場合は、こうした〝カモ〟も決してないがしろにはできない存在となる。そこで、取引履歴のある〝カモ〟にも片っ端から営業をかけていった。

営業をかける仕事は、もっぱら男性社員の役割だった。女性はこういうときにどうしても押しが弱くなるので、押しの強い男性社員の出番となった。指示を受けた男性社員は、店長から「最低これだけの金額を借りてもらえ」という目標金額を提示され、ひたすら〝カモリスト〟に記録されている顧客に一斉に電話をかけて営業活動を行っていくのだ。

「いつもありがとうございます。ご融資のほうはいかがでしょうか？」

もちろん、ほとんどの場合、断られてしまうのだが、粘り強く電話をしていくうちに、「じゃあわかったよ、もう一回借りてやるよ」といってくれる人も出てくる。こういう地道な営業をして、借りてもらうことに全力を注いでいった。

■店舗のある地域で客層が変わる

サラ金業者にとって安定したお客さんとは、二五日に給料がもらえる職業についている人だといわれている。毎月二五日に給料が出るということは、サラリーマンであるということであり、安定した収入があることを意味する。

都心から離れた郊外にあった私の支店には、毎月利息しか返さないお客さんもいたが、サラリーマンが多い東京駅や新橋駅付近などのオフィス街にある支店では、二五日になると、一気に元金入金が流れ込んでくる。そうした支店で、二五日に端末画面を眺めていると、どんどんと貸付残高が減っていく画面状況を見ることができる。

安定した収入があるにもかかわらず、どうしてサラ金でお金を借りてしまうのだろうか。彼らによると、「銀行や信販に行くと、審査に時間がかかる。それならば手っ取り早くお金を貸してくれるサラ金のほうがいい。早く返してしまえば金利もそんなに高くはならない」ということらしい。

そういう人たちは、どんなに長くても半年以内で借りた金を返す。ボーナスで返したり、月々の給料からどんどん返してしまう。そもそも彼らは必要以上に借りたりはしない。

私は、これが本来の「サラリーマン金融」「消費者金融」の姿だと思う。しかし、日本のサラ金の実像は、本来あるべき姿からあまりにもかけ離れている。

サラ金五社から合計三〇〇万円の借り入れがある人にも、一〇万円というお金を貸してしまうのだ。しかも金利は年二七～二八％（現在では、多くのサラ金が利息制限法が定める上限金利二〇％以下の年利を提示するようになっている）。当然、月の返済額はゆうに一〇万円を超過し、本人に返済能力が残っているわけはないので返済が滞ってしまう。

こうした闇金まがいの貸付を、店長決裁という形で行っていたのが当時の実態だった。本来は、違法な過剰融資にあたるのだが、支店の業績を伸ばすためという理由から大手はどこもやっていた。

第三章 私はこうして取り立てた

最初から厳しい取り立ては行わない

サラ金において、キャッシング業務と対《つい》をなすのが「回収業務」である。回収業務とは要するに取り立てのことで、男性社員が担当する仕事だった。

無理な貸付をすれば、当然の結果として返済の遅延が出てくる。私の会社では返済遅延のことを「不渡り」と呼んでいた。

入社してすぐ、私の主な仕事はティッシュ配りや掃除だったが、入社後三カ月が経ったころから、男性社員の主な業務である回収業務に携わり始めた。いよいよ、サラ金マンとしての本格的な業務を任されることになったのだ。

取り立てと聞くと、実際に債務者の家に乗り込んで、扉をドンドンと叩きながら「オイ、こら。金を返せっていってるだろう！」と怒鳴り散らす様子を想像する人が多いのではないだろうか。

しかし、ほとんどの回収業務は電話によって行われている。しかも、貸金業規制法第二一条には、「正当な理由がないのに、社会通念に照らし不適当と認められる時間帯として内閣府令で定める時間帯に債務者等に電話をかけ、若しくはファクシミリ装置を用いて送信し、又は債務者等の居宅を訪問すること」を行ってはいけないと明記されており、さらに、債務者の勤務先への架電《かでん》や訪問も禁じている。したがって、私たちが電話をかけられる時間は、午前八時から午後九時までの時間帯だけとなっていた。

こうした規定を守らない中小の業者も多いが、私の会社は大手と呼ばれるところだったので貸金業規制法第二一条の遵守は徹底されていた。もし守らなければ営業停止処分を受けてしまうからだ。

ところが、条文中の「正当な理由がないのに」という表現に、この法律の抜け穴がある。

たとえば、一週間以上にもわたって返済が遅れている人がいるとする。人間、確かにうっかりミスをすることがあるが、「うっかり」であれば、どんな人でも五日以内には気がつくはずだ。一週間以上の遅延というのは、本人に返す気がないと考えてよい。こうした場合、サラ金側に執拗《しつよう》に取り立てるだけの「正当な理由」が生じたと理解することが可能になる。

また、急に連絡が取れなくなってしまった人や、いい加減ないい訳ばかりを並べていつになっても入金しない人などに対しては、「正当な理由」があると判断し、執拗な架電や自宅訪問などを行っていた。

とはいっても、即座に取り立てに出向くわけではなく、まずは架電や督促状を送るなどして地道な回収努力を続けるのだ。私も最初のうちは、決められている時間内に電話をかけることなどを中心に回収業務に携わっていき、徐々に債権回収のイロハを覚えていった。

サラ金を利用する人たち

サラ金からお金を借りる人には、例外を除いて、まず計画的に借り入れている人はいない。借りては返し、返しては借りるということを繰り返している人がほとんどだ。せっかくいくらかの債務を返しても、新たに生じたキャッシングの貸付可能枠を使い、再び借金をしてしまう。つまり、自転車操業をしている人たちばかりなのだ。私の支店を例に挙げれば、利用者のほぼ八割がたがこういったお客さんだった。

そのため、すでに与信《よしん》を済ませているお客さんでも、こちらが不安だなと感じたお客さんに関しては、時折、途上与信を行うことにしていた。事実、それまで債務総額が四件で二〇〇万円だったお客さんの債務状況が、七件で五〇〇万円になっていたりすることがあるのだ。

こういうお客さんに対しては、すぐに電話をかけ、「○○さん、なんで債務額膨らましてるんですか?」と詰問しなくてはならない。さらに、「これ以上、あなたとはおつき合いできませんから、今すぐに返してください」と返済の督促を行う。場合によっては、キャッシング停止にしてしまい、今後貸付を一切行わないようにすることもあった。

確かにキャッシングのノルマが達成できないようなときには、無理貸しをすることがあるのも事実なのだが、債務の膨らませ方があまりにも顕著なお客さんには、厳しい姿勢で臨まなくてはならない。なぜならば、二九・二%という出資法の上限いっぱいで貸している中小のサラ金などから借金をしている可能性が高いからだ。

中小のサラ金の取り立ては半端ではない。債務者にはひっきりなしに督促の電話がかかってくるし、執拗な訪問取り立ても行われる。債務者は取り立ての厳しいところから返していくので、うちみたいなところへの返済は後回しになってしまうのだ。一人の債務者に対して、数社からの取り立てが集中し、各社が債務者から必死に回収しようとすることを、業界では〝ババ抜き〟というのだが、こうした〝ババ抜き〟では、中小のような厳しい取り立てを行わない大手サラ金は常に〝ババ〟を引かされる運命にある。

実際、中小の業者の取り立ては凄《すさ》まじい。貸金業規制法を守らないのは当たり前で、債務者が「警察を呼ぶぞ」といっても、「呼べるもんなら呼んでみろ」とまったく意に介さない。本当にお巡りさんが来たとしても、「じゃあ、お巡りさんがこいつの代わりに払ってくれるんですか。一万円でもいいから払ってくださいよ」などといい、逆にお巡りさんを怒鳴りつける業者もいる。

お巡りさんとしても民事不介入ということもあり、「借りたものを返さないお前が悪いんじゃないか」といって、債務者が暴力でも振るわれていない限り、何もしないで帰ってしまう場合がほとんどだ。

「渉外回収」という名の取り立て

電話による取り立てのほかに、通知回収というものも行っていた。これは、債務者に督促状を送るという方法だった。他社では一週間に二度も督促状を送るところもあるようだが、私の支店では一週間に一度だけと決められていた。

督促状を送っても一向に入金がないときは、最後の手段として、実際に債務者のいるところに訪問して回収を行う。訪問回収は「渉外回収」と呼ばれ、「集金」や「取り立て」という言い方はしない。「集金」や「取り立て」というと過酷な請求を連想させるので、会社側には、そうしたイメージを少しでも和らげたいという心理が働くのだ。取り立てに出かけるときも、「渉外に行ってきます」というと、いかにも営業に行っているようでいい。

渉外に行くときは、身だしなみを整えたしっかりとした服装で出かける。一般の人がイメージするような威圧感を与えるような格好で行くわけではないのだ。しかも、渉外回収で債務者の家まで行くことは非常に稀《まれ》だった。たった一人のために何時間も時間を費やした挙げ句、本人が不在だったということになれば無駄足もいいところだし、支店業務が忙しい場合には、カウンターでの男性社員の助けも欠かせないものになるからだ。

逆に、やむを得ず渉外に出向かなければならないときは、何がなんでも成果を挙げなければならないという意識が働いた。だから渉外に出るときには、三〇〇〇〇円でも五〇〇〇〇円でもいいから回収しようと必死になった。

「一度に五〇万円だの一〇〇万円だのを払ってもらいたいわけではありません。とりあえず三〇〇〇〇円だけでもいいですから、払ってください」

このように腰を低くして丁寧に頼んだことが何度あっただろうか。

お客さんのなかには、「今日は払えない。頼むから、もう帰ってくれ」と頑なに断ってくる人もいた。こちらは慈善事業をしているわけではないので、こうした主張を受け入れていたら商売にならないのだが、「こういう場面では絶対に無茶をせず、引き下がってこい」と会社から指示されていた。

しかし、社員によっては無茶をしてしまう人がいる。やはり、取り立てる側も生活がかかっている。回収成績が悪ければ、それが如実にボーナスの額に反映する。サラ金に勤めている人間にとって、ボーナス額の多寡が自分の実力を示すものさしとなっている。そのため、大声で怒鳴ったり、ドアを蹴ったり叩いたりという行き過ぎた行為をする人もでてきてしまうのが実情だった。

回収業務にやりがいを感じる

電話や督促状による回収がうまくいかないと渉外に出かけるわけだが、これにはしっかりとした基準があった。私の会社には、不渡りの数え方があって、一週間ごとに区切って数えていた。たとえば、一週間の遅延であれば「七不渡り」、そして不渡りが二週間に及ぶと「一四不渡り」という具合に呼んでいた。支店では、二一不渡りから三五不渡りを起こしている間の不渡りに対して、渉外回収を行った。

三五不渡りを越してしまうと、客にはすでに支払い能力がほとんどなく、多重債務者になっている可能性が高いと見てよかった。しかし、二一〜三五不渡りであれば、一カ月前後の遅れなので、債務者はまだお金をもっている可能性がある。そのため、この時期に渉外に行くとよく回収できるという経験則があった。

たとえば会社勤めをしている人に渉外をかけるのであれば、二五日の給料日直後を狙って訪ねていった。実際、このようにお金のありそうなときに狙い撃ちして訪問すると、払ってくれるケースが多かった。

「無理な取り立てはせずに、最悪、利息だけをもらってくればいい」

支店からは常にこういわれており、それも不可能なら、利不足入金で一〇〇〇円だけもらってこいといわれた。ところが、一〇〇〇円さえも払えないといい張る人が、この世の中にはいるのだ。私がいちばん驚いたのは、手持ちの現金が五〇〇円しかないという債務者に出くわしたことだ。

さすがに五〇〇円では、会社に帰れない。私は、どうしても返してもらわないと困ると粘った。すると、「じゃあ、ちょっと待っていてください」といって、どこから三〇万円のお金を下ろしてきて返してくれたことがあった。

「なんだ、金があるなら最初から出せよ！」と大きな声を上げてしまいそうになったが、私は必死にこらえた。そして怒りが収まったあとは、この仕事にやりがいを感じている自分がいた。私は怒鳴ったわけでもなければ、もちろん暴力を振るったわけでもない。ただ丁寧にお願いをしただけである。そうしたこちらの努力に相手が応《こた》えてくれたのだから、嬉《うれ》しくないはずはない。当時の私は回収業務の楽しさをひしひしと感じていた。

その他のケースでは、借家に一人住まいで、電話も携帯電話もないという人もいた。今どき電話がないなんていうことは、にわかには信じがたい話だが、実際に家に行ってみると本当に携帯電話も固定電話もなかった。こういう人のところには、いちいち足を運んで渉外をしなければならない。

また、家まで回収に行かないと払わないというお客さんもいる。彼の場合、決してお金がないというわけではなく、渉外に出かけると必ず現金で払ってくれるのだ。

「○○さん、ちゃんとあるんじゃないですか」とこちらが批判めいたことをいうと、

「昨日、年金が下りたんですよ」といわれたこともあった。

彼らのように、こちらが毎月出向いて取り立てなくてはならないお客さんを、私たちは「定例渉外会員」と呼んでいた。彼らは私たちにとって、実に手のかかるお客さ

んであり、とにかく迷惑な存在だった。渉外というのは本当に非効率的で、できるだけ避けたいことなのだ。

幸い、私がいた支店の所在地は首都圏内だったので、大抵どんなところにでも電車とバスを使えば行くことができた。しかし、地方の支店であれば、車で渉外をしなくてはならない。地方の場合は各渉外先がお互いに離れていることも多く、一日に何件も回ることができないという難点があった。一カ所の渉外先を回っただけで身動きがとれなくなってしまい、半日潰《つぶ》してしまうこともあるのだ。

山陰地方の支店の人に話を聞いたことがあるのだが、渉外では本当に苦労させられているということだった。

訪問するのが特に大変な家があるということで、彼は実際に地図を見せてくれたのだが、そこは中国山地の奥深いところで、かなり不便そうだった。

「ここのおばあちゃんが、毎回取りに来てくれっていうんですよ」

私が、「一体、ここに行くまでどのくらいかかるんですか」と尋ねると、高速道路を使って往復で二時間かかるということだった。

高速道路代やガソリン代、さらには時間までも費やして、たった五〇〇〇円の回収を行うというのは、実にアホらしいと彼はいう。それでも年金支給日に訪ねれば必ず返してくれるので、回収率を上げるためにやむをえず足を運ぶのだそうだ。

さらに、毎回おばあさんの世間話につき合わされ、帰りには決まっておみやげをもたされるとのことだった。訪れる人の少ない山奥のお年寄りにしてみれば、私たちのような借金取りでさえも、寂しさを紛らわしてくれるありがたい客人に思えるのかもしれない。

多重債務者の家

当初は驚くことも多かった渉外業務だったが、入社してから一年もすると業務にもずいぶん慣れ、その場の状況に応じて冷静に対応できるようになっていった。このころから、債務者を取り巻く状況を客観的にとらえ、全体像を見渡すという余裕も出てきたように思う。

渉外業務を行うなかで気がついたことは、すべてとはいい切れないまでも、多重債務者の家にはある一定の共通した特徴があり、彼らの家を探す作業は、そんなに難しいことでもないということだった。

さらに私は、彼らの家に近づいていくにつれて、なんともいいようのない異様な雰囲気が漂ってくるのを感じ取れるようになっていた。「うわー、この辺だろうなあ」と、サラ金マン独自の〝嗅覚《きゅうかく》〟みたいなものが発動し、どういうわけだかすぐに債務者の家がわかってしまうのだ。

では、多重債務者の家の特徴とはどんなものなのか。あえていうならば、テレビの情報番組などでしばしば取り上げられる「ごみ屋敷」や「猫屋敷」といった感じの家が多いといえばわかりやすいだろうか。家の周りは散らかり放題で、庭には草が茫々《ぼうぼう》と茂っている。日中なのに雨戸やカーテンが閉まっている家も多く、取り立てから逃れようと家に引きこもっている状況があからさまに見て取れる。

もう一つの特徴は、郵便ポストには溢れんばかりの郵便物が詰まっているということだ。郵便物のほとんどは、サラ金からの督促状、滞納している光熱費や水道代などの請求書だったりする。さらに国民保険や地方税の納入の督促状もあれば、携帯電話の請求書のこともある。

これらだけでなく、明らかに「貸します詐欺」と思われる闇金融からのダイレクトメールが投函されているケースも多い。彼らは、最後のうまみを絞り尽くそうと多重債務者たちに群がるハイエナのような存在だ。

こうした特徴を手がかりにしながら多重債務者の家にたどり着いた直後、私たちが最初に取る行動は電気メーターを確認することである。メーターが回転していれば、なかに人がいるということになるので、渉外業務に取り掛かることができる。ところが本当に切羽詰まった家では、電気が既に止められていて、メーターがロックされていることもある。それからガスが止められていれば、止めたことを知らせる通知が郵便受けに差し込んである場合もある。

また、多重債務者宅の玄関ドアがへこんでいるのを見かけることも多い。すでに中小のサラ金業者からの取り立てを受けていて、彼らが「出てこい、コラー！　金返せ、コラー！」とドアを蹴り飛ばしている証拠だ。

ドアの隙間《すきま》という隙間に督促状や請求書が刺さっているのを見かけることもある。見ようによってはドア枠が装飾されているようで、アーチのようになっているともいえなくもない。そこで業界では、こうした状況を「賑《にぎ》やかになっている」と表現している。

「店長、○○さんの家、賑やかになっていますよ」

「どのくらい賑やかなんだ？」

「督促の通知だけで、少なくとも一〇通はありますよ」

「そりゃもう取れないな。ダメだ、諦《あきら》めよう。次に行ってくれ」

多重債務者宅の前では、しばしばこうしたやり取りが行われる。

窓ガラスが割られている家に行くこともあった。悪徳業者になると、腹いせにガラスを割ったりする。しかし、多重債務者にはそれを修繕するお金がないので、ガムテープを張り巡らして応急処置をしていたりする。

私が渉外に行ったある家では、サッシに開いた大きな割れ口に段ボールを当てて修繕していたところがあった。

サッシの段ボールを指さしながら、多重債務に陥ったおじさんに、「○○さん、これなんですか。段ボールじゃないですか?」と尋ねると、「お宅はまだ紳士的で話がわかるからいいけど、怖いところになるとガラスを割っちゃうんだよ」と、おじさんは答えた。大きな石をもってきて投げつけ、「いるんだろー、出てこい!」とすごまれたのだという。

「これは器物損壊じゃないですか。何で警察に通報しないんですか。これは悪質ですよ。業法違反でもありますよ」と私はその家のおじさんに伝えたのだが、仕返しされるのが怖いから何もすることができないということだった。

彼の外見は、お笑い芸人のミスター・オクレさんのような感じで、「すみません、二〇〇〇円だけで、どうか許してください」と私の目の前で土下座をしながら懇願するような人だった。ひどくやせていて、どう見てもしっかり食べていない様子。そうした人が、「これしかお金がないんです」といって二〇〇〇円を差し出してくるのだ。「おじさん、私がこの二〇〇〇円をもっていったら、どうやって生活するんですか」と聞くと、「とりあえず、カップ麺があるんで大丈夫です」と弱々しい声で答えるのがいつものパターンだった。

その後、彼は弁護士に相談し、自己破産する。結局おじさんは、私たちへの借金を踏み倒してしまったのだった。

居留守を決め込む債務者たち

渉外から逃げるために、居留守を決め込む債務者たちも多い。

いつも居留守を決め込む相手には、なるべく日が暮れてから訪問することにしていた。室内に明かりが灯《とも》されていれば、誰かがいるという証拠になるからだ。やむをえず昼に行く場合であれば、室外機の音などに耳をそばだてたりもする。

居留守を使いにくい時季というのもある。たとえば夏の暑い日というのは債務者にとって居留守を使うのに適さない。夏の蒸し暑さというのは誰にとっても耐えがたいものだ。家のなかにいれば、窓を開けるか、エアコンを回すことになる。窓が開いていればなかに人がいることは間違いないし、窓が閉まっていても室外機が音を立てていれば、人がいるということになる。

あるとき、熱帯夜の晩に、居留守を使うことで有名な家に渉外に行ったことがあった。居留守をさせないように、あえて私は熱帯夜の晩を狙ったのだ。

債務者の住んでいるアパートに着いてみると、室内には電気が灯されていた。家に誰かがいることは明らかだった。

そこでさっそくインターホンを鳴らすと、なんとその直後に電気が消えた。さらに室外機の音も消えたので、なかの様子を悟られまいとエアコンも消したのだろう。

その日は夜になっても気温が二八度くらいあり、湿度も高い典型的な熱帯夜だった。エアコンを消したのならば、絶対に窓を開けたくなるような暑さだ。ところが、債務者は私が回収に来ているのを知っているので、窓を閉め切ったまま家のなかでじっとしている。

こうなれば、お互いの根比べだ。私の予想では、三〇分もすれば、この暑さに耐え切れなくなって、再びエアコンをつけるか、窓を開けるだろうと思っていた。その瞬間に、私は執拗にインターホンを鳴らすつもりだった。しかし、相手はなかなか動きを見せない。そのうちに、こちらのほうが根負けしてしまい、店長に指示を受けざるをえなくなった。

「こんな暑い夜なのに、エアコンを消して、さらに窓も閉めたまま出てこないんですよ」

すると店長は、「うーん、しまったなあ。『貝殻』になっちゃったか」と、残念そうな声を出した。サラ金業界では、お客さんが居留守を決め込むことを「貝殻になる」というのだ。

結局、その晩は諦めて帰ることになり、督促状だけを置いていくことにした。

このように、渉外に出かけても、本人に会える確率は二割程度しかない。こんなに非効率で、時間とコストがかかるものはないのだ。

しかし、一見無駄足のように見える渉外もすべてが徒労ではないのも事実で、半分くらいの割合で渉外の翌日に入金があったりする。

「どうせ払うんだったら、こっちが渉外に出かける前に払ってくれよ」

私たちはいつもこう思うのだが、渉外によってプレッシャーをかけないと払わないのが、多重債務者というものなのだ。

他人を装う債務者

「○○さん、いつになったら払ってくれるんですか？」

　延滞している会員（債務者）に電話するときの私の第一声だ。すると、こんな答え方をする人がいる。

「お母さんに用ですか？　私は娘なのでよくわかりません」

　パソコン画面の顧客情報を見ると、たしかにその債務者には二〇歳の娘さんがいることになっている。しかし、二〇歳の娘さんの声と四〇代のおばさんの声の違いぐらいは、女性に何かと疎《うと》い私にも判別できる。

「○○さん、やめましょうよ。もうわかってるんですから。娘さんじゃないでしょ、○○さん」

　それでも、彼女は娘だといい張り続ける。電話の向こうで必死になっている姿が手にとるようによくわかる。

「楽しいですか、そんなことしてて。もしもし？」

　すると、大抵無言のまま電話を切られてしまう。こちらはしつこさが売りなので再び電話をかけるのだが、相手はすでに受話器をはずしている。電話督促をしていて、これをされるのがいちばん頭にくる。

こんなおばあさんもいる。

「〇〇さんのお宅ですか？　〇〇さんいますか？」

こう切り出すと、いつものように「いない」という答えが返ってきた。

さらに、どこに行っていますかと尋ねると、「わかりません」を繰り返すばかり。これはいつものパターンで、こちらが「では、あなたは誰ですか？」と問い詰めると、決まって「留守番の者です」と答えるのだ。

すでに年金生活をしている女性の家に、常に留守番の者がいるなんてことは、まずありえない。ウソをいっているのは明らかなので、こういうときは徹底的に追及していく。

「怖いですね、〇〇さん。赤の他人がいつも勝手に上がりこんで留守番するんですか？　普通じゃ考えられないことですよ」

すると、相手は一方的に電話を切ってしまう。

こうした債権を私たちは居留守債権と呼んでいる。特に女性の債務者によく見られる逃げ口で、のらりくらりとかわしてしまうのだ。こういう債務者に対処するためには、渉外に出かけて行って、本人に直接厳しい態度を見せなくてはならない。こちらとしては時間が無駄なだけで、ただのお荷物債権なのだが、いつまでもなめられているわけにはいかない。こういう人は私たちにとってもはや〝お客さん〟ではなく、さっさと借金を返してもらって、契約を終了させたい存在である。

　そこで私は、さっそく古い団地に住んでいる彼女のもとへ出かけて行くことにした。ただし、わざわざ家まで訪ねて行って相手が本当に留守だったら、無駄足になってしまう。そう考えた私は、相手が家にいる可能性が高いと思われる夜の八時過ぎを狙って訪れることにした。

　建物の下から部屋に電気がついているのを確認してから、彼女の住んでいる階までのぼっていく。ポストの郵便物もたまっていないので、家にいるのは確実だ。

　古い鉄板のドアについている呼び鈴のボタンを押すと、ピンポーンと古ぼけた音がする。

「〇〇さんのお宅ですか？」と声をかけると、「はーい」という声がする。「〇〇さん、お願いします」と尋ねると、「〇〇は今いません」という予想通りの答えが返ってくる。

「どちらにいますか？　あなたは誰ですか？」

　すると、「私は留守番の妹です」という声が返ってきた。

顧客情報を確認して、妹が同居していないことはすでにわかっている。

「妹さんは同居していないはずですよ。おかしくないですか、ご本人なんじゃないですか。正直にいいなさい！」

こちらもいい加減腹が立ってきて、声が大きくなっていく。そうするとあとは「わかりません、わかりません」と絶叫するだけで、埒《らち》があかない。こうなると、頭がおかしいとしかいいようがない。

年金が出ているのだろうから、そこから毎月五〇〇〇円でもいいから払ってくれればいいではないか。そうすればこちらもしつこく問い詰めるつもりはない。返してくれないから、こちらも追い詰めざるをえないのだ。

「今日は絶対に許さないぞ」と心に決め、諦めずにドア越しに声をかけていると、相手は例によって「貝殻」になってしまう。

中小のサラ金業者や闇金、街金業者ともなると、ここからのやり方がエゲツなく、「おいコラ、〇〇いいかげんにしろ」と怒鳴り散らし、ドアを蹴ったり叩いたりするのだが、うちの会社ではそこまでやらない。しかし、腹の虫がどうにも収まらないので、私は嫌がらせのために近所に聞き込みをかけることにした。

団地なので、隣近所とのつき合いがある。古い団地ともなると、住んでいる人たちも高齢者が多い。隣のドアの呼び鈴を押すと、すぐに七〇歳前後と思われるおばさんが出てきた。

「お隣は○○さんのお宅で間違いないですよね？　○○の妹さんも同居されているんですか？」

そう尋ねると、「ご主人と二人暮らしよ。でもご主人は夜勤の仕事に出かけているみたいで、いないときが多いわね」という答えが返ってくる。

「あれ、おかしいですね。さっき行ったら、ドア越しから妹です、っていわれたんですよ。妹さんがいるんじゃないんですか？」

「あらやだ、妹さんなんていないわよ。あなたそんなこといわれたの？　おかしいわよ、そんなの」

隣人が多重債務に陥っているというのはすでに近所で評判になっているようで、このおばさんは、隣人宅に次から次へと取り立てがやってくるのを面白がっているようだった。団地の近所づき合いというのは、案外そんなものなのかもしれない。

「あそこの人は、ろくでもない人だ」「うそばっかりついている」といった悪口のオンパレードが続いたかと思うと、彼女自身も五万円を貸していて、いまだに返してもらっていないという話まで出てきた。彼女のほかにも団地住人のなかには、お金を貸している人が何人かいるということだ。

「私も、顔を合わせるたびに問い詰めるんだけど、いつものらりくらりとかわされて、本当に悔しいのよ。あなたもよりによってあんな人にお金貸しちゃダメよ」

プロの金貸し屋が団地のおばさんにたしなめられる始末なのだった。

「お兄さん、せっかく来たんだから、ちょっと待ってなさい」

何事かと思っていると、なんとその人が玄関から出てきて、隣家の呼び鈴をピンポーンとやってくれたのだ。

「○○さん出てきなさいよ」とおばさんは声を張り上げている。しかし、相手からは何の反応もなかった。

用意周到で出かけていったつもりだったのだが、結局この日は無駄足で終わってしまったのだった。

懲りないサラ金利用者

「あなたどうせサラ金の人でしょう!」

電話に出た親に、いきなり怒鳴られる場合もある。どうやら債務者のお母さんのようだ。

返済が二週間ほど遅れていたので電話したのだが、あたかもこちらに非があるかのように怒鳴られてしまった。母親は、「あなた、正直にいいなさい、どこの会社の誰なの」と怒鳴り続けている。おそらく連日の督促電話のため被害妄想に取り付かれ、精神的に参ってしまったのだろう。

二三歳になる娘が私の会社に借りにきた時点で、彼女にはすでにサラ金四社から一八〇万円の借り入れがあった。おそらくクレジットカードやショッピングカードの返済をするためにサラ金に手を出し、結局は返済できない額にまで借金を膨らませてしまったのだろう。OLをしている彼女の月給は、二〇万円ほどだということが顧客情報に書かれている。どう考えても月々二〇万円ほどの彼女の収入で、クレジットカード、ショッピングカード、サラ金からの借金を返せるわけがない。

本来ならば、彼女のような属性をもった人間に貸すほうが間違っている。なのに店長は二〇万円もの金を貸してしまい、月々五〇〇〇円ずつ返済するプランを立てたのだ。

「やっぱりこれ、無理があったんですよ。一〇万円にするべきだったんじゃないですか？」と私がいうと、「確かに甘かったなあ」と店長は後悔している様子だ。しかし、もう何をいっても後の祭りである。

多重債務者の問題が話題になると、一般的にサラ金ばかりが批判の対象になりがちだが、実はクレジットカードやショッピングカードの利率もかなり高く、サラ金とあまり変わらなかったり、場合によっては同等だったりする。

遅延が続き、クレジットカード会社などを含めた各社から督促電話が殺到するようになると、彼女は恐ろしくなってしまったようで携帯電話に出なくなった。それで仕方なく彼女の自宅に電話をかけたのだ。

「なんでうちの子なんかに貸したの！　ワー、ギャー」と、私は最低一〇分間は怒鳴られ続けたのではないだろうか。母親は完全にノイローゼ状態になっていた。

債務者である娘は、当初、借金のことを母親に内緒にしていたらしい。ところが、ある日、借金をしていることが母親にバレてしまった。母親に問い詰められた彼女は、自分の非を認めずに、開き直ったという。そのため母親が怒りたけり、家庭内は修羅場状態にあったのだ。そんなことを知る由《よし》もない私は、最悪のタイミングで彼女の家に電話してしまったというわけだ。

電話越しに「あなたの会社の社名をいいなさい」と問い詰められるが、契約者は娘さん本人なので、母親とはいえ個人情報をもらすことはできなかった。そこで、店長に相談して、家にいる本人に代わってもらい、本人の了承を得て社名を出すことにした。債権者のなかには、親族に勝手に通告したといって、財務局にクレームをもっていく会員もいるから、こうしたところはきっちりしておく必要がある。

「お母さんに話してもいいですよね、もう来るところまで来ているのですから」

娘さんに尋ねると、涙声で「わかりました」という答えが返ってきた。

そこで再び母親に代わり、「私、○○社○○支店の担当の杉本と申します。娘さんは毎月五〇〇〇円の返済になっておりまして、残債務がまだ二〇万円残っています」と話した。

さらに新たな一社が判明したことが、お母さんの怒りに火をつけてしまったらしく、

「どうしてうちの娘なんかに貸したのよ」と電話の向こう側で再び喚《わめ》き始めている。

しかし、そういわれても困ってしまうのだ。そもそもラーメン屋にラーメンを食べにきた人にラーメンを出さなかったら商売にならないのと一緒で、金貸しに金を借りに来た人に金を貸さなかったら、私たちはお金を稼ぐことができない。もちろんサラ金の良くない体質として、大盛りを頼まれてもいないのに、むりやり大盛りを食べさせてしまうというような、あくどい部分があるのは確かなのだが……。

そこで、私はお母さんと娘さんに返済プランの見直しを提案した。

「こちらもタダでお金を差し上げたわけではありません。貸したお金に利子をつけて返してもらうのが仕事です。そこで、毎月五〇〇〇円の返済を三〇〇〇円にしますから、それだけ入金できませんか？　半年間毎月三〇〇〇円の返済をしてもらって、残債務をなるべく増やさないようにしましょう」

こう話すと、お母さんの態度がガラリと変わった。

「あなたたちサラ金の人たちはろくでもない奴らかもしれないけど、こうやって相談に乗ってくれることもあるのねえ」

あまりにも失礼な物のいい方に腹が立って仕方がなかったが、私はグッとこらえた。

返済プランの変更後、毎月三〇〇〇円を返済してもらっていたのだが、ある日、例の母親から電話がかかってきた。「月々三〇〇〇円の返済では一向に元金が減らないので、一括で清算したい。そこで何とか金利をまけてもらえないか」というのだ。

彼女の娘の場合、借り入れが一年以内だったので、元金割れにすることはできない。その代わり、元金一括であれば利息を取らずに一五万円の残金払いを受け付けるということで合意した。

後日、母娘に店頭に来てもらい、元金一括払いの任意和解書に記入および署名をしてもらった。また、母親による代位弁済はこちらが要求したのではなく、あくまでも母親が申し出たことを証明する書類も作成する。

最後に契約書に「契約終了」という印を押し、完済証明書も発行した。さらに、母親に貸出禁止依頼も出してもらい、すぐに信用情報機関に「貸付禁止者」として登録した。これで他社も彼女には貸せなくなる。

「これでこの女性も落ち着いて平穏な暮らしに戻るだろう」

私はそう思って一安心していた。ところが半年くらいすると、再び彼女から電話がかかってきて、「貸してください」といってきたのだ。これには私もびっくりした。

こうなると、もう病気だ。「貸してほしいなら、お母さんと一緒に来なさい」といって電話を切ったのだが、おそらく彼女の買い物依存症は治っておらず、再び無駄遣いを繰り返しているに違いない。かわいそうだが、こういう人は結局、街金や闇金に流れていき、悲惨な「借金地獄」に陥っていくことになる。

サラ金マンとして成長する自分

渉外業務の成果を実感できるのが、不渡りリストの消し込みをするときだ。

支店では、不渡りを出した人からの振り込みを確認すると、彼らの名前を不渡りリストから除外していく。渉外業務に出かけていった翌日に、訪問した債務者から入金があったのを確認すると、思わず「ヨッシャー」と声を上げてガッツポーズをとってしまうほど嬉しくなる。

喜ぶ私の姿を見つけた店長代理は、「お前、ドア蹴っただろ」「どうせ怒鳴ったんだろう、ちょっとやそっとじゃ、こいつは入らないんだから。怒鳴ったんだろう、正直にいってみな」、もしくは「怖いな杉本君、まるで暴力団みたいだよ君は。悪い人だねえ」などといいながら、冗談まじりに茶化すのが常だった。

私は、こうした店長代理の悪ふざけの相手をしながら、自分がサラ金マンとして成長していくのを感じていた。最初の就職では失敗してしまったが、再出発した会社で着実に頑張っている自分がいる。そうしたことを実感するのは、決して悪い気分ではなかった。

第四章　サラ金の醜い姿

管理センターへの異動

入社してから一年半ほど経過した二〇〇三年三月のある日のことだった。突然、店長から人事異動の話を聞かされた。異動先は、本社管理部の管理センターだということだった。

管理センターは社内で最も醜い部署ともいわれ、人間の汚い性格が剥《む》き出しになり、理性のなさが出てくる部署だと評されていた。誰も行きたいと思わないところが管理センターであり、出世コースからも外れるといわれていた。

ここには、支店ではすでに手に負えなくなった債権が送られてくる。つまり、サラ金にとって貸し倒れを防ぐための最後の防波堤のようなところだった。これが銀行ならば、不良債権を扱う部署への配属は出世コースだといわれる。難しい案件を扱い、修羅場を潜り抜けながら案件を解決していくわけだから、相当の能力を擁《よう》した優秀な人材でないと務まらない。銀行では、こうした能力を非常に高く評価されるのだが、サラ金では事情がまったく逆であった。

実際、ここに配属になった社員は、すねに〝傷〟をもっている連中が多い。

たとえば、私と同じグループに配属されていたSさんは、架電回収業務の際に、お客さんが、「自殺してやる」と騒ぎ立てたのを受けて、「自殺できるんならしてみろ。やれるものなら、やってみろ。そんな勇気がお前にあるのか、コラー！」と喚き散らしてしまったという。しかも、運が悪いことに、そのすべてのやり取りをお客さんに録音されていたそうで、そのテープを貸金業者を監督している財務局に提出されてしまったのだ。

お客さんに対するSさんのような発言は、脅迫行為であり、明らかに貸金業規制法の第二一条違反になる。幸い、Sさんが怒鳴ったのは二〇〇三年のことで、現在のように財務局の態度は厳格ではなく、お咎《とが》めを受けることなく済んだらしい。しかし、会社からの厳重注意ということで、Sさんは管理センターへの配属を命じられたのだという。

要するに、支店での業務は危なくて任せられない人間が管理センターに送られるわけで、ここは落ちこぼれたちの吹き溜《だ》まりのようなところなのだ。

だからといって、強引な取り立てをしていた人たちばかりが勤務していては、管理センターとしてのバランスを欠いてしまう。そこで管理センターでは、債務者に対して怒鳴ったり脅したりせずに、理論的な話をしながら請求ができ、場合によっては荒い請求もできる人間を探していた。それを知った支部長が、私のことを推薦したのだ。

管理センターについての良からぬ評判は以前からよく聞かされていたので、異動の件を聞かされたときは、正直、会社を辞めようかと思ったほどだ。

しかし、店長からは、「杉本、一回行ってみたらどうだ。必ずお前のためになる。支店でがんばり続けるのも悪くはないが、貸金回収の最も醜いところを見てくるのも無駄じゃない。あそこでいろんなことを勉強してきて、また戻って来い」といわれた。

店長自身も管理センターでの勤務経験があるということを聞かされ、さらにあの手この手で説得されているうちに、私はとうとう異動を了承してしまったのだ。

豚小屋といわれる管理センター

管理センターについて、社内ではどのようなことがいわれていたのか。代表的な例を挙げるならば、あそこは「クズの集まり」といわれていた。あるいは「豚小屋」みたいなところだという人もいた。広いフロアには、たくさんの人間が詰め込まれており、さらにどうしたわけか管理センターに配属される男性社員たちは、巨漢の男たちが多かった。こうした男たちがインカムに向かい、ああでもない、こうでもないと声をブーブーと張り上げている。そんな情景が「豚小屋」のようだというのだ。

確かに私が配属された班の平社員四人のうち、私以外の三人は、身長一八〇センチ、体重一二〇キロくらいある巨漢だった。私自身も、身長一七五センチ、体重九〇キロという体形をしている。

ちなみに三人のうちの一人は大学時代に相撲部に所属していた男で、気性がとても荒かった。支店勤務時代の彼の回収業務スタイルは、「おんどりゃ、コラー！　金返したらどうだ、この野郎！」という〝突っ張り〟一辺倒の取立方法だったという。こうした取り立ては、貸金業規制法に違反しており、絶対やってはいけないことなのだが、現実には彼のように債務者を脅かしている人も存在する。

管理第二グループに配属される

管理センター内で私が配属されたのは、管理第二グループという部署だった。管理第二グループは移管債権と定期債権の回収を取り扱う部署で、男性四人、女性六人の一〇人のチームだった。私たちのほかには、直属の上司になる班長がいる。

管理センターでは、女性社員も電話による回収業務に携わっていた。女性の優しい声による督促も場合によっては効果がある。管理センターでは、彼女たちは大きな戦力だった。しかし、毎日の回収業務に嫌気がさして、辞めていってしまう女性も多かった。

私のいた部署には、管轄している約六〇の支店から毎月一〇〇〇件弱の移管債権が流れてきた。移管債権とは、支店で三カ月以上の延滞が生じた案件で、延滞が九一日目（九一不渡り）になると、「九一日移管」といって自動的に管理センターのほうに送られることになっていた。管理センターに移管されてしまうと、債務者は金融事故者として登録され、不芳会員として扱われる。この時点で、彼らはお客さんではなくなり、私たちにとって完全に迷惑な存在とみなされるようになる。

支店から送付されてきた移管債権に関するファイルには、移管されてきた経緯や債権の特徴、債務者の性格にいたるまで細かい情報が記載されていた。管理センターの回収デスクでは、こうした情報を基に回収の仕事をする。

特に、管理第二グループの担当する移管債権は、延滞三カ月以上、一年未満という債権だった。実はこうした債権は回収しがいのある債権で、案外取りやすいものが多かった。

延滞が三カ月ということは、債務者が多重債務の状態に陥ったばかりで、ちょうどパニック状態が始まったころだと考えられる。しかし、完全な破産状況にはなっていないので、まだお金の流れがあるとみなしていい。人間の体にたとえるならば、外的ダメージは受けているが、血液の流れはまだしっかりとしており、動脈硬化を起こしていない状態だといえる。つまり、こちらがうまく回収業務を行えば、絞れる可能性が高いのである。

管理センターでの回収業務も、基本的には架電と通知による回収が主な手段だった。私たちと債務者の間でやり取りされる電話の会話は常にモニタリングされており、センター長をはじめ副センター長や班長は、好きなときに聞くことができた。こうした会話は、客と訴訟になった際の重要な証拠として残されていく。

モニタリングには、社員たちと債務者とのやり取りをコントロールするための目的もあった。班長は、自分の部下が必要以上にヒートアップしている様子に気がつくと、すぐにインカムに耳を傾ける。そして、「これ以上は危ないな」と判断すると、紙に大きな文字で「落ち着け」とか「もし相手が突っかかってくるようだったら、俺に代われ」などの指示を出してくれた。

三カ月も延滞させてしまう債務者というのは、やはり〝普通の人〟ではない。そういった尋常ではない人と折衝し、どうにかいいくるめて入金させるのが毎日の仕事である。当然うまくいくケースばかりではなく、頭がおかしくなって怒鳴りつけてしまいそうなときもある。社員たちがキレてしまって暴走しないためにも、班長らによるモニタリングは必要不可欠なものだった。

場合によっては任意和解案を提示する

各社員は、パソコンの画面を見ながら、不渡り会員リストに基づいて架電をしていく。画面のデータには「反抗的な態度を取るので要注意」とか、「揚げ足を取るような態度を見せてくるので交渉要注意」「本人嘘つき」といった注意事項がしっかりと記録されている。こういう情報をみんなで共有しながら、請求をしていくことになるのだ。

各自の割り当てとして、一日最低七〇～八〇人にオートコールしなくてはならなかった。もちろん、相手が出なかったら再度かけなくてはならないので、かける回数は一日二〇〇～三〇〇件ほどになる。毎月課される回収ノルマの八割方は、このように架電によって回収されていった。

班長は、支店から送られてきた情報を確認後、私たち社員に移管債権を振り分けていく。

「杉本、お前だったらこれ取れそうだからやってみろ」といわれ、任された債権の回収作業をする。

債務者のデータを画面に表示したまま、まずは電話をかける。相手が出ると、「〇〇さんですよね？」と声をかける。相手の返事を待って、「お世話になっております。私、首都圏管理センターの杉本です」と名乗り出る。

支店では任意和解という方法を取ることはあまり多くないのだが、管理センターへ移管されると、任意和解を積極的に成立させていくことが可能になる。利息カットや分割返済を債務者に提示し、さらに、五年以上の取引がある人には、無条件で二〇万円の減額を行うこともある。

一〇〇万円以上の残債務がある人を追いかけていて、一〇〇日間の延滞のあとようやく連絡が取れたとする。最初は、「一括で返してほしい」と要求するのだが、こちらの要望が簡単に受け入れられるほど甘くはない。ほとんどの場合、相手は「それは絶対に無理だ」という。そこで、「利息と月々の返済額を融通するから」という誘い文句を投げかけるのだ。そうすると、ほとんどの債務者がこちらの話に食いついてくる。

ところが、取引が六〜七年もあれば、過払いになっている人たちが多くなる。これについては後ほど詳しく説明するが、いずれにしてもこの時点で債権者が弁護士や司法書士に相談すれば債務をゼロにすることができ、さらにはこれまで払いすぎた利息分を取り返すことも可能なのだ。

しかし、こうした対策を取られたら、サラ金側の儲けがなくなってしまう。したがって、債務者にそういうことは一切知らせない。本当だったら過払いの可能性もあり、債務者はお金を払うどころか、返金を受けられる立場にあるかもしれないのに、サラ金業者はいとも善良な姿を装って借金の減額を申し出るのだ。こうした方法を使って、きっちりとお金を回収していく。

私たちが行っていたのは、どんなに遅れているお客さんであろうと、まず債務総額を一〇〇万円に設定することだった。そのうえ、今後の利息をカットする。そうなると、お客さんは決まって「ありがたい」といった。

今まで一〇〇万円以上に膨れ上がっていた借金が一〇〇万円になり、二七%前後の利息のほかに遅延損害金利率である二九・二%も免除され、今後は利息なしの月々一万円、一〇〇回払いにするといえば、ほとんどの人が「それでお願いします」と飛びついてくる。

このように、任意和解という形で新しい返済契約をし、引き続き入金をしてもらうように段取りをつけるのが私たちの仕事だった。

取り立ての三つの極意

私の直属の上司となった班長から、異動当初より何度もいわれ続けた次のような言葉がある。当時の実態を明かすためにも、あえて紹介したい。

「ここに移管されてきた会員たちは人間のクズだ。借りた金を平気で三カ月以上も延滞して逃げ回っているどうしようもない奴らの集まりだ。クズにはクズなりの理論があって、こちらがまともに入金交渉しようとして少しでも情けをみせようものなら、クズのあいつらに俺たちが感化されてしまう。こいつらと話すときは偏差値一〇以下の人間と話すような気持ちで話せ。それから、俺たち自身も、人間のクズ以下にならなければ、奴らと交渉することはできない」

いま思えば、卑劣としかいいようのない言葉だが、当時の私は「借りた金を返さない人間は最低だ」と思っていたので、債務者に対してどんなにひどい言葉を浴びせようとも罪悪感を抱くことはなかった。

他にも班長から教えられたことは数多くあったが、それらの一つに「取り立てのた

「三つの極意」というものがあった。それは次のようなものだった。

取り立てのための極意　その一——嫌がらせ

一、携帯電話に電話をするのではなく、勤務先に電話し、できるだけ長く話せ
一、同居家族には、消費者金融からの督促であることを臭わせながら伝言を残せ
一、仮に相手が電話に出なくとも、すぐに切らずにできるだけ長くコールしろ

取り立てのための極意　その二——しつこさ

一、勤務先に電話する場合、会員が不在でも電話口に出てくるまで繰り返し架電しろ
一、入金不履行を繰り返すような支払いがルーズな会員には、「何時何分、どこで入金するのか」という細かいところまで執拗に問い詰めろ
一、不渡り会員が携帯電話に出るまで架電しろ

取り立てのための極意　その三——粘り強さ

一、「ない袖は振れない」「煮るなり、焼くなり好きなようにしろ」「裁判でも何でもやってみろ」などといって開き直る会員には、飴《あめ》とムチの原理で時には厳しく、時にはソフトに何度でもアタックしろ

私は、班長のこうしたアドバイスを頭に叩き込みながら、電話による回収業務を連日繰り返していた。そこで、そうしたやり取りのいくつかを次に再現してみようと思う。私の卑劣さをさらけ出すことにもなり、正直目を背けたい気持ちもあるのだが、事実を伝えるために記しておきたい。

ケース1　F・Aさん　五〇代男性／独身／トラック運転手／債務残高八八万円

Fさんは延滞を毎月繰り返していた。こちらが督促をすることでかろうじて二カ月に一度の入金が行われていた。携帯電話に架電すると本人があっさりと応答した。

「ごめん、ごめん。明日二時までにコンビニのATMからカードで入金しておくから」

すでに三週間も遅れているにもかかわらず、Fさんに悪びれている様子は一切ない。

「Fさん、必ず明日二時までには一万円入金しておいてくださいよ」

「わかった、わかった」

ところが、翌日二時になっても入金がない。腹が立ち、Fさんの携帯電話に架電するが、応答がなかった。続いて勤務先である運送会社に電話をすると、不在だというので、事務の女性に伝言を頼んだ。

数分後、本人から折り返しの連絡が入った。

「仕事が忙しくて、コンビニに行けなかったんだよ。ごめん、ごめん」

あまりの調子の良さに頭に血がのぼる。

「キャッシングされるときにはどんなに忙しくてもコンビニのATMに来られて、ご返済されるときになると、どうして来られないんですか」

こちらが厳しい口調で問い詰めると、Fさんは一言も言葉がでなかった。

数時間後、Fさんの会社近くのコンビニATMからカード入金一万円が確認できた。


ケース2 M・Tさん 二〇代男性／独身／消防官／債務残高九九万円
多額の債務を抱えてしまった消防官。借金の原因はギャンブル（パチンコ、スロット）だった。

「借金が余りにも多すぎて、もう自分の給料では返済できません」

Mさんは、借金で首が回らなくなっていた。

「Mさん、火の車とはまさにあなたのことですよね？」

消防官である彼に、かなり毒の強い冗談をいい放つ。すると、よほど頭にきたのかMさんは一方的に電話を切った。

結局、本人が両親に泣きつき、減額にした後、一括完済となった。

ケース3　K・Nさん　七〇代男性／妻とは死別／無職／債務残高三九万円

Kさんは、いつ訪問しても留守だった。古い木造アパートで独り暮らしをしており、表札には本人の名前が記されているので、引っ越していないことは確実だった。ところがなかなか会うことができず、いつ行っても他社からの督促状が二、三枚ドアの隙間に刺さっているのを確認して帰ってくるばかりだった。

ところがある夜、私はKさんを発見した。「灯台下暗し」とはまさにこのことをいうのだろう。その日、私は彼の隣の部屋に聞き込みをかけた。すると、おばあさんが出てきたのだが、ドア越しに部屋を覗くと、なんとパンツ一丁になって畳の上であぐらをかき、優雅に酒を飲んでいる本人がいた。

Kさんは、取り立てから逃げるために隣の独り暮らしのおばあさんの家に転がり込んでいたのだ。私に気がつくと「ああ、見つかっちゃったか」というのんきな顔をしている。

「まあ、上がっていけや」

まるで自分の部屋にいるかのような態度のKさん。長年、古いアパートの隣人同士とはいえ、図々しいにも程がある。しかも、このおばあさんからも金を無心していたというのだから、こちらは呆《あき》れてものがいえなかった。

ところが、このおばあさんは、Kさんのことを迷惑に感じているようでもないらしく、「しょうがないわね、あんた」などといって、二人して老夫婦のような風情を見せているのだった。

まさか、隣の家に逃げ込んでいるとは思わなかったが、きっちりと請求すると、Kさんはおとなしく一万円ほど返済をしてくれた。同業他社も必死になってKさんに取り立てをしているなかで、「俺を見つけられたのは、あんただけだよ。すごいねぇ」と帰り際に褒められるというオチまでついた。

ケース4 I・Kさん　五〇代男性／既婚／中学校教師／債務残高七三万円

何に使ったかわからないが、一〇社から借金をして約八〇〇万円まで債務を膨らませてしまった中学校教師。携帯電話の支払いができず、すでに契約が解除されているため、自宅に電話をする。奥さんが出るのだが、連日同業他社からの督促のため、ノイローゼ状態で泣き喚くばかり。話にならないので仕方なく勤務先の中学校の職員室に架電した。

「お忙しいところ、すみません。I先生はいらっしゃいますでしょうか?」

「あいにく、Iは席をはずしています。何か御用でしょうか?」

パソコンに映し出されたデータには、「校内放送にて、呼び出してもらうこと」という注意事項が記されている。

「ええ、大事な用件がありまして連絡いたしました。申し訳ありませんが、校内放送でI先生を呼び出して頂けませんか？」

ところが、彼はなかなか職員室に戻ってこない。再び校内放送のお願いをすると、やっと本人が電話に出てきた。

「お前らしつこいぞ、毎日電話してきやがって！」

「連絡も一切してこないのに、何ですかそのいい草は！」

こちらもすかさずいい返すが、相手は八〇〇万円の借金を抱えているだけあって、すでにまともな神経ではないようだ。班長からは、「一言われたら、一〇〇いい返せ」といわれていたので、数学を教えているというI先生にさらなる言葉をいい放った。

「怖いですねえ、I先生。お金の勘定もできない人が、学校で数学を教えているんですから……」

「なんだ、そのいい方は。もうお前らには一円も払わないからな！」

こう叫ばれた後、またしても電話を切られてしまった。しかし、その日のうちに当社ATMより八〇〇〇円のカード入金があった。私の吐いた毒が効いたのだろう。

ケース5　M・Eさん　六〇代女性／夫とは死別／無職／債務残高六三万円

返済日を過ぎても一向に連絡してくる気配なし。本人の収入源についての情報もない。おそらく年金受給者だろう。朝八時三〇分に自宅に架電すると、誰かが出た。

「もしもし、M・Eさんのお宅ですか？」

こう尋ねると、いきなり〝アナウンス〟が流れ出した。

「ピンポンパンポーン」

どう考えても人の声だった。最後の方の声が少し裏返っている。

「冗談は止めて下さいよ、Mさん」

すると、

「あなたのおかけになった電話番号は現在使われておりません。番号をお確かめの上、も、もう一度おかけ直しください」

Mさんは途中でカミながらも、最後までアナウンスを続けた。

ちなみにセンターのコンピューターでは、自宅の電話番号が何らかの事情で変更になったり使用不可の状態になったりすると、自動的にその電話番号が削除されるシステムになっている。削除されていないということは、現在も使用されているということなのだ。

「いつまでそんなことをやってるんですか、Mさん！　きちんとお話ししましょうよ」

　私はMさんに向かい、何度も問い掛けた。しかし、彼女はアナウンスを繰り返し、何度目かの〝アナウンス〟を終えると一方的に電話を切ったのだ。

　無性に腹が立った私は、すぐさまMさん宅に渉外をかけることにした。彼女の家は都区内にあり、管理センターから一時間もあればたどり着けるところだった。

　夜七時、本人の自宅アパートに到着。外から見ると、部屋のなかに明かりがついているので、ドアをノックする。それと同時に電灯が消えた。さらに激しくドアをノックするが、一向に出てくる様子がない。そのうち、私のほうも馬鹿らしくなって、ドアの隙間に訪問通知を刺して、その場を離れた。

　翌日、振り込み状況を確認すると、朝一〇時にMさんから七〇〇〇円の振り込み入金があった。しかし、Mさんに馬鹿にされたような気分で、少しも嬉しくなかった。

　ちなみに、同じようなケースで、こちらがサラ金だとわかると、「ただいま留守にしています。御用のある方はピーッという発信音の後に、お名前と電話番号、メッセージをお残しください。ピーッ」と自分の生声で繰り返す人もいた。

　コントのような話だが、人間追い詰められると、時によって喜劇を演じてしまうのだなとつくづく感じさせられたものだ。

ケース6 N・Rさん　四〇代女性／既婚／内職／債務残高四二万円

夫が給料をすぐに使ってしまい、家庭には一銭も入れない。生活費を補填《ほてん》するためにサラ金からお金を借りているうちに、Nさんは債務を膨らませてしまった。他社も合わせると、七社で合計三八〇万円。月々の返済額は一五万円にものぼり、もはや完全に破綻《はたん》状態だった。

連日のように督促の電話が鳴り響き、本人は精神を患い、ノイローゼになっていた。

「死にたい、死にたい」

Nさんは、念仏を唱えるかのように繰り返すだけで、私ときちんと話をしてくれない。しまいにはこちらもキレてしまった。

「Nさん、『死にたい、死にたい』って、死ねるものなら死んでみてください」

私は、Nさんの命などどうでもいいと思い、冷淡にいい放った。

「はぁ……」

ため息とも何とも判別つかないような声を出した後、Nさんは絶句した。そして、一方的に電話を切ってしまった。

「しまった、いい過ぎた」

慌ててリダイヤルするが、出てこない。「うわー、どうしよう」とさすがにこちらも後悔する。

翌日朝九時三〇分ごろ、Nさんから一万円のカード入金があった。班長からは「たいしたもんだよ、杉本」と褒めてもらい、それが本当に嬉しくて堪《たま》らなかった。私は、前日の後悔などすっかり忘れ、「やったぜ！」とガッツポーズをしていた。

ケース7　E・Sさん　二〇代女性／独身／会社員／債務残高五七万円

Eさんは、ブランド品購入のためショッピングローンを繰り返し、遂には自分の収入では返済できなくなってしまい、サラ金に走った。最近の若い女性によくある典型的な買い物依存症だ。他社も合わせて、計二八〇万円の借金を抱えていた。

返済困難に陥った月は一切携帯電話にも出ないし、通知督促にも応じない。彼女は中堅専門商社でOLをしていたので、応答を得られないときには勤務先に電話するほかなかった。

「勤務先には連絡してこないでください。きちんとお支払いしますから」

「では、いつお支払いしていただけるんですか？」

「それは……」

Eさんは言葉を詰まらせている。

「返済について真剣にお考えいただけないのでしたら仕方がないですね。あなたの給料を差し押さえさせていただきます」

そこまでやるつもりはなかったのだが、懲らしめるために少し脅してみた。

「それは困ります！　会社にバレたらクビになってしまいます。近日中に何とかお金を作りますから」

Eさんは今にも泣き出しそうだった。

「でしたらEさん、どうやってお金を工面されるのですか？　あなたの給料では返済できないんでしょう？」

するとEさんは驚くようなことを口にした。

「実は、ＯＬのほかに夜の仕事もしています」

「何のお仕事ですか？」

夜の仕事と聞いて、こちらも下世話な好奇心が湧《わ》いてきて、思わず尋ねてしまう。

「それは……」

「きちんとお話ししていただけないのでしたら、法的手続きに入ります」

こちらもしつこく嫌がらせをする。

「風俗です。渋谷のファッション・ヘルスで働いています」

「へぇー」

「今週末にいくらかお金が入るので、それまで待ってください」

彼女が風俗で働いているとわかった途端、さらなる興味が出てきてしまった。借金返済のために風俗で働いている女性は多いのだ。

「どこのお店ですか？」

いたって事務的に、あたかもそのことを聞くことが会社としての義務であるかのごとく、私は問いただした。彼女はためらったが、さらに執拗に問い詰めると、小さな声で「渋谷の○○というお店です」とつぶやいた。

それでも満足しない私はさらに続ける。

「それで、源氏名は何ですか？」

私は完全に面白がっていた。

「エマです……」

この電話の一週間後、提携銀行ATMより一万円のカード入金が確認された。

ケース8　O・Eさん　三〇代男性／独身／無職／債務残高八九万円

Oさんは交通事故に遭って大怪我をした。身体を自由に動かせないため満足に働くこともできず、会社もクビ。失業中だった。

「Oさん、支払う気がないんでしょう」

「Oさん、返済したいのは山々なんですけど、身体がいうことをきいてくれなくて働くこともできないんですよ。だから返済できなくて……」

その一言ひとことが、私にはただのいい訳にしか聞こえなかった。

「お金がないのはあなたの都合でしょう。お金がないからといって返済できないというのは理由にはならないでしょう」

月末の回収ノルマが達成できていなかった私は、かなり苛立っていた。

「本当にお金がない。精いっぱいなんだ。食費もない」

「じゃあ金策してください。それがあなたの務めでしょう」

「もうあてがないんですよ」

悪びれもせず、むしろ開き直ったような彼の態度に私はムカムカしていた。

「Oさん、返済する意思があるのかないのか、はっきりしなさい」

「じゃあ、どうすればいいんだ。強盗でもしないと金がないんだぞ」

Oさんも段々興奮してきている。

「Oさん、あなたに強盗をする勇気なんかあるわけないでしょう?」

私は彼をからかい、そして挑発した。

「わかったよ。今、強盗してくるから待ってろ！」

彼の声は怒鳴り声になっている
「どうぞどうぞ、ご自由に。Oさん、やれるもんならやってごらんなさいよ」

私がこういうと、Oさんはガチャンと電話を切ってしまった。すぐに電話をかけ直し、さらなる追い込みをしようとするが、相手はもう電話に出てこない。それでもしつこく自宅にオートコールしつづけたが、何の応答もなかった。

数日後のこと、何気なく新聞の社会面を読んでいると、なんとOさんがコンビニに強盗に入ったということが記事になっていた。私が最後にいい放ったセリフが、Oさんを強盗に走らせてしまったに違いないと感じ、このときばかりは罪悪感を抱かざるをえなかった。

ところが、同じ班の同僚たちから、「お前の冷酷な捨てゼリフが実ったな。やったじゃないか、これで八九万円分のノルマ達成だよ」と感謝された。すると、私も次第に嬉しくなり、彼らと一緒に喜びを分かち合ったのだった。

なぜ、Oさんが強盗をしただけでノルマ達成になってしまうのか。実は、私の会社のシステムでは、会員が罪を犯して警察に逮捕・勾留《こうりゅう》されると、本人が抱えていた債権が自動的に勾留債権となり、償却センターへ移管されることになるからだ。そうなると移管された分は処理されたとみなされ、回収率が上がるのだ。そのため、債務者が逮捕・勾留されると、社員たちは声高々に喜び、笑い合うのが常態となっていた。

取り立ては単なるゲームか

管理センターに異動になった当初、パソコンの画面に映る顧客情報を眺めながら一日中オートコールをしつづける生活が本当に嫌だった。しかし、班長から取り立てる際のコツを教えてもらい、実際に回収の実績を上げていくうちに、仕事が徐々に楽しくなってきた。私にとって架電回収業務は、債務者を上手に追い込みながら回収率という〝スコア〟を獲得していく楽しいゲームになってしまっていたのだ。

ゲームだと思えば、相手の痛みなどまったく伝わってこない。会社のマニュアルでは、携帯電話への架電は一日三回、自宅へは二回、勤務先へは一回までと決められていたが、そんなルールも守らなかった。特にプレッシャーになる勤務先への架電は一日に何度でも繰り返した。

家族のいる自宅に架電することも、プレッシャーをかけるための有効手段だった。

返済する気などまったくない若い債務者の両親に対し、「ろくでもない息子さんですねえ。いったいどういった教育をなさってきたんですか?」といった嫌みをいい残して電話を切る。すると、頭に血がのぼった親が私に成り代わって借金の返済を子どもに迫ることになる。債務者本人に対する残酷なプレッシャーのかけ方だった。

ああいってきたら、こういい返す。相手を黙らせて、こっちのペースにもっていき、うまく攻略する。自分はロールプレイングゲームの世界に入り込んでしまっていた。うまくいけば成績が上がり、回収率というスコアが上がっていく。私はこうした精神状態に陥りながら毎日を送るようになっていたのだ。

管理センターの顧客データを基に「過酷な請求」をする

管理センターのパソコンには、移管されてきた会員の詳細データがインプットされている。たとえば、会員ページの注意事項欄に「一二〜一三時の間の勤務先架電有効」とあれば、この時間に会社にかければ本人に取り次いでくれる可能性が高いという意味である。つまり、一人ひとりの顧客に対し闇雲に電話をかけるのではなく、データを検索し、その時間帯でもっともつながりやすい会員を引っ張り出してきて、オートコールしていくというシステムになっていた。

「○○日の一二時までに支払う予定」という備考があれば、その時間を狙って勤務先に架電し、「あれ、今日あなた一二時までにお支払いをしてくれる予定じゃなかったんですか」とネチネチとやっていく。誰にとっても勤務先に架電されることは非常に嫌なものだ。

「あっ、すみません。今からすぐに行きますから、もう少しだけ待ってください」

相手は申し訳なさそうに受け答えをし、本当に五分経過すると、しっかりと入金が確認される。その時点で「回収達成」ということになり、私の班の回収成績は上がっていく。

また「過酷な請求をせよ」という注意事項が書かれていれば、「督促の手を緩めると途端に払わなくなる相手だから、取り立ての度合いを緩めてはならない」という意味である。ただし、「過酷な請求」といっても、怒鳴ったりしろということではない。「過酷な請求をせよ」というのは、勤務先に電話をして、最低でも三〜五分間はネチネチと話をせよということだ。そこで相手が反抗的な態度を取るのであれば、「じゃあ、全部返してくださいよ」と、向こうの揚げ足を取るかのごとく対応し、嫌がらせの度合いを高めていくのだ。

勤務先への架電は実に効果的なプレッシャーになった。事実、ほとんどの人が勤務先に架電した翌日には入金をしてきた。

ボーナス査定のために働く

ボーナスの金額は、五月までの回収率の成績と一一月までの回収率の成績という年二回の成績を査定されて決まっていく。

私の会社の場合、全国に八カ所ある管理センターで回収成績を競い、全国の総合順位が決められた。さらに各管理センターのなかにある四つの管理部門ごとの競争もあり、成績にそってポイントが加算される仕組みになっていた。

ポイントの合計数にしたがって、各部門は、S、A、B、C、Dというランクに振り分けられ、自分の所属する管理部が最低のDランクに落ち込んでしまうと最低レベルのボーナスしかもらえない。一方、Sランクに格付けされると、相当額のボーナスがもらえることになっていた。Sランクのボーナスはかなりの高額だという噂だったが、残念ながら私のいた管理部門は一度もSクラスになったことがなかったので、実際どれくらいもらえるのかはわからない。

総合順位を上げ、ポイント数をできるだけ稼ぐために、私たちは班長から常に発破をかけられ、さらに自分たちもできるだけ多くのボーナスを受け取るべく、血眼《ちまなこ》になって回収に力を注いだ。会社側はこうした形で社員たちの競争心理を煽《あお》り立て、社員である私たちも必死になって貸金回収に努めるというサイクルが確立していた。

包丁をもった債務者に追いかけられる

支店業務のときと同様、管理センターでも基本的に渉外業務（取り立て）に出かけることは少なかった。平均すると、月に二〇件くらいだった。自宅に行ったところで、必ず債務者本人に会える保証があるわけでもなく、やはり渉外業務は時間とコストがかかり過ぎる。渉外業務について管理センター内でよくいわれていたのは、「三割の確率で債務者に会えたら好成績だ」ということだった。しかし、そういつもうまくいくものではない。「イチローなら確実に三割をキープするが、俺たちではそうもいかない」というのが、管理センター内での合い言葉になっていた。

また、自宅に行って債務者に会えたとしても、もめるケースもかなり多かった。大きな声を出されたり、押し問答になったりする。そして、もっと怖いのが、向こうが逆上して、包丁をもち出したり、その他、凶器になるようなものをもち出したりすることだった。

事実、債務者宅に渉外に出かけた折に、私も包丁をもち出されたことが一度だけある。

その会員はすでに半年ほどの返済の遅れを生じさせていた。彼は元々とび職人だったのだが、作業中の落下事故で腰を強く打ってしまい、働けなくなっていた。それが半年も延滞するようになった原因だった。

本人には働きたいという意思があるのだが、体調が芳しくない五〇代の男性を雇い入れてくれる会社などどこにもなかった。さらに独身だったため、代わりに働いてサポートしてくれる家族もいなかった。顧客データによれば、老母が東北地方の田舎にいるだけということだった。

働けないという現実と、日々膨らんでいく借金からのストレスで、いつしか自暴自棄に陥り、彼は結果的にアルコール依存症になっていった。

管理センターに移管される前、支店の人が渉外に行ったらしいのだが、酔っ払って暴れたそうで、結局は移管債権扱いになり管理センターに回ってきていた。

渉外に行っても相手がいなかったりすることが多いなかで、今回の相手は必ず自宅にいる。何とか説得して金を作らせれば、一回だけでも入金させることができるのではないか——そんな期待と自信が私にはあった。しかも彼の家は会社から近い。ぜひ行ってみたかった。

班長からは、「杉本、お前絶対に無理するなよ。危ないと思ったら、すぐに逃げ帰ってこい」といわれた。度胸の強さについて人一倍自信のある私は、「わかりました」とだけいい残すと、さっそく出かけていった。

家に着き、本人に対面してみると、昼間だというのにすでに息が酒臭く、かなり泥酔している様子だった。彼の家は平屋一戸建てのボロアパート。部屋に上げてもらうと、缶ビール、缶酎《ちゅう》ハイ、カップ酒の残骸《ざんがい》が部屋中に散らかっていた。酒の匂いが蔓《まん》延《えん》している部屋の様子と、彼自身の姿を見ただけで、荒れすさんだ生活が容易に窺《うかが》い知れた。

しかし、ここでひるんでしまっては何のためにやって来たかわからない。そう思った私は、執拗な問い詰めを始めたのだった。

「あなた何で連絡くださらないんですか？　だから、私がこうして来なくてはならないんじゃないですか。どうしてこういうことをするんですか。五〇〇〇円だけでいいですから、出してください」

次から次へと督促の言葉を浴びせ続けながらネチネチと詰問していると、突然電気でも走ったかのように、債務者の体がビクッと動くのがわかった。それは彼が私の執拗な言葉にキレてしまった合図だった。そして、「おいお前、ちょっと待ってろよ」といい残し、台所のほうへと進んでいった。私が何事かといぶかしがっていると、なんと彼は包丁を振りかざしながら戻ってきたのだ。

私はこういう場面になると妙に肝《きも》が据わってしまうたちで、「なんですか、それは。私を刺すんですか？」と冷静に対応し、相手の目をじっくりとにらみつけた。ところがその瞬間、相手の目が異様なことに私は気がついた。

（完全にいっちゃってる目というのは、こういう目のことをいうんだろうな……）

包丁を振りかざしている相手を前に、私は自分でも驚くほど落ち着いた態度を見せていた。今思えば、あまりにも落ち着きすぎていたような気もする。

しかし、さすがに落ち着き払ってばかりもいられない。「これはやばい」と感じ始めた私は、玄関付近に後ずさりをした。そうやって十分な距離を確保しておいて、最後に面白がって捨てゼリフを吐いたのだった。

「何ですか、あんた。人を刺すような勇気があるんですか。刺せるものなら、刺してみなさいよ」

どうせそんな勇気もないだろうと思っていたのだが、私は泥酔した相手を見くびり過ぎていたようだ。なんと目の前の相手が、「てめえ、ぶっ殺してやる!」といって、包丁を振り上げながら襲いかかってきたのだ。

ところが幸い、彼は酔っ払っていた。しかも、腰を悪くしているから動きがスローモーションのように遅い。私は急いで靴を引っ掛けると、家の外に出ることができた。玄関を振り返ってみると、包丁を握り締めた彼が、靴も履かずに懸命になって追いかけてくるところだった。

彼のアパートは、商店街のはずれにあった。私は商店街に向かって走りながら、「やめてください。○○さん、どうして包丁をもって追いかけてくるんですか!」と、大げさな叫び声を上げた。相手は足腰の調子が悪く、さらに酔っ払っている。絶対に追いつかれるはずがないという確信があった。

包丁を振りかざし、「ぶっ殺してやる」といって私を追いかける男を見て、商店街にいた人がすぐに一一〇番通報してくれた。果物屋さんや八百屋さんだけでなく、クリーニング店の人たちまでもが表に出てきてくれて、一瞬にして債務者を取り押さえた。しばらくしてお巡りさんがやってくると、彼は殺人未遂の現行犯であっさりと逮捕されてしまったのだった。

お巡りさんに「大丈夫か?」と聞かれた私は、「大丈夫ですけど、怖かったです」とだけ答えた。

会社に電話して事情を話すと、班長が「うちの社員がご迷惑おかけしました。実は貸金回収で向かわせていました」とお巡りさんに説明した。お巡りさんは急に訳知り顔になり、「そういうことだったのか」というと、班長に被害届を出すかどうか尋ねている。

会社側ではこういうときには必ず被害届を出すことにしていた。しかしこれは、私が遭遇した被害を重くみて出されるのではなく、債務者に対して嫌がらせをするためだった。なぜなら、被害届を出すことによって家族が驚き、代わりに借金を払ってくれる可能性が高まるからだ。こうした冷酷なまでの対応は、「借金を回収するためならどんな手段でも利用する」といったサラ金の情け容赦ない姿勢が如実に表れている例ではないだろうか。

その後の顚末

殺人未遂容疑で現行犯逮捕された彼だったが、借金取り立ての際の出来事ということと、泥酔状態で実際に人を殺す能力はなかったということもあり、結局は不起訴処分になった。その後はこちらが予測したとおり、東北地方に住む八〇歳になる母親から電話があり、「お金を払うからどうか許してください」と泣きながら代位弁済の申し入れをしてきた。

傷を負った者がいるわけでもない。こちらとしても大事《おおごと》にするつもりはなかった。結局、老母が五〇万円を一括払いすることで示談が成立し、私は五〇万円分の回収成績を上げることに貢献した。女性社員からは、「杉本君、大丈夫だった？　怖くなかった？」とチヤホヤされ、私は「全然怖くなかったよ」などと答えながら得意になっていた。また班長からは、「体を張っての回収とはまさにこのことだな、杉本」といわれ、班長も部下の手柄に誇らしげの様子だった。

会社の方針では、本来、親であっても高齢者からの入金は受け付けてはいけないことになっている。しかし、このようにして受け付けてしまうのが会社の実態だった。

血も涙もないサラ金は、「本来はやってはいけないのだが……」「社内規定ではしてはいけないことになっているのだが……」などといいつつ、いつでも都合のいいように規定を捻《ね》じ曲げてしまう。儲けるためなら、何をしても構わないかのような姿勢なのだ。当時の私も、サラ金のそうした体質にどっぷりと浸かっており、どんな事情があろうとも「借りた金を返さない奴は最低だ」と思っていた。

債務者が気にする世間体と近所の目

あるとき、債務総額を七〇万円まで膨らませ、一年もの長い間延滞を生じさせていた男性の家に渉外に向かった。

彼の家は都心から二時間半ほどかかる郊外にあった。父親が自営の塗装業を営んでおり、本人は父親の手伝いをしていた。時間がかかるだけでなく、交通費のほうも馬鹿にならないので、通常はそんな遠いところまで渉外に行くことはない。しかし、その月の回収ノルマが達成できていなかったため、私はそこまで足を延ばしたのだった。

地図を片手に債務者の家に近づいていく。都心から二時間半も離れたような地域では番地があちこちに飛んでいるので、細かい番地が記載されている地図をもっていかなければ絶対に目的の家にたどり着くことができない。私が最寄り駅に到着したときには、すでに午後七時を回っており、そこからは徒歩で債務者の家に向かった。

駅から家までの道のりを歩きながら、「どうせボロい家なんだろうなあ」と想像していたのだが、到着してみるとそこには予想に反して立派な家が建っていた。

再び地図で確認してみると、どうやらここで間違いない。その家には表札が出ていなかったので、いつものように郵送物をのぞいてみると、宛先に債務者の苗字と同じものが記されていた。

家の様子を観察すると、室内には明かりがついていた。家に誰かがいるのは間違いない。門扉についているインターホンを押してみた。本当は門扉を開けて玄関まで押しかけたいところだが、それをすると住居不法侵入になってしまうこともあるので、我慢して待たなくてはならない。

再び、ピンポーンと呼び鈴を鳴らしてみるが、一向に応答の気配がない。家の敷地周囲を歩いてみると、エアコンのダクト音が聞こえてくる。誰かが家のなかにいるのは確実なのに誰も出てこないのだ。三回、四回と呼び出してみたが、まったく変化がなかった。

こちらとしては、相当の時間とお金を使ってここまで来ている。しかも相手は一年もの間借りた金を返していないのだ。それを考えると、怒りがこみ上げてきて、このままでは帰れないという思いが強くなっていく。そこで私は、いつものように近所への聞き込みをして、せめてこの家に対して嫌がらせを行うことにした。

まずは右隣の家のインターホンを押すと、そこのおばさんがすぐに出てきた。

「お隣、不在じゃないですよね？　出てこないんですが」

しかし、隣のおばさんは、いるはずだという。

「おかしいなあ、出てこないんだよなあ」

わざとらしくぼやいていると、出てきたおばさんは何かを察したらしく、ニヤッと笑って、「お宅、サラ金の人ですよね？」と好奇心をむき出しにしたような顔で聞いてきた。そもそも近所に聞き込みをするのは、債務者の家に対する嫌がらせだから、ここぞとばかりに「そうです」と私は答えた。

おばさんの顔は、「やっぱり！」といった顔になり、「それであなたはア○ムさん？プ○○スさん？　ア○○ルさん？　武○士さん？」と、次から次へとサラ金業者の名前を並び立てる。おそらく、私の会社以外からも取り立てがやって来ているのだろう。

「まあ、そういったようなところです」

私が適当に答えると、

「まーだ、あそこの息子借りてるんだあ」

といって、ニヤけた顔を一層ニヤけさせる。

「やっぱりね……。やっぱりあそこの家の教育の仕方が悪かったのよ」

「お父さんがいい加減な人だから、ああなっちゃったのよね」

「こないだもお父さんの怒鳴り声が聞こえてきたわ」

などなど、本当によくペラペラと話してくるのだ。

渉外を行うようになってわかったことは、隣家の家庭不和やトラブルを面白がっている人たちが世間には実に多いということだ。大抵の人が好奇心をむき出しにして、詳しいことを聞きたがり、それと引き換えに自分の知っていることをペラペラとよくしゃべる。

特におばさんたちというのは詮索《せんさく》好きで、「サラ金の者です」と私が告げると、何ともいえない笑い方をする人が多かった。彼女たちの笑い方というのは、下世話な好奇心をむき出しにしたものばかりだった。

いずれにせよ、隣近所に噂話が広がることは債務者に対して大きなプレッシャーになる。貸金回収につながるのであれば、近所のおばさんたちがどんな顔をしようが私には関係ない。

この日も右隣の家を訪問後、左隣の家、さらに向かいの家を訪れ、自分がサラ金の取り立てに来ているということを触れ回った。今後、この債務者の家は近所からますます面白がられることになる。そして、「あの家はサラ金地獄に陥っている」というレッテルが貼《は》られていくのだ。

大抵の場合、好奇の対象となった家は、周囲の目に耐えられなくなる。いつ再び訪問が来て、近所に借金のことをいいふらされるかわからないという恐怖に陥り、そうなると何がなんでも金策し、借金を返そうとする。

実際、このときの訪問の数日後にも債務者からの入金があった。当時の私は「ヨッシャー！」と叫び、この仕事の醍醐味《だいごみ》、面白さをつくづく実感したものだった。

命を担保に貸金回収

サラ金の究極の弁済方法には、自分の死をもって返済を行うという手段もある。

六〇代のNさんは、東証一部上場会社の部長を務めていた人物だった。ところが退職後に財テクに失敗し、多額の借金を抱えてしまった。一流企業の管理職に就いていたせいか、プライドがやたらに高い会員で、自分が半年以上も延滞していることを棚に上げ、一方的に怒鳴り、罵倒《ばとう》してくるようなタイプだった。

「お前らとは何年ものつき合いをしているんだ。しつこく取り立てやがって、何だその態度は！　サラ金に勤めている奴らなんてクズじゃないか！」

Nさんは興奮して、ひたすら怒鳴り続けていた。大体、私たちをクズ呼ばわりするのなら、私たちから借りなければいいじゃないか。

「Nさん、いいたいことがあるなら、きちんと返済してからいってくださいよ」

「なにー、お前みたいな若造に俺の気持ちがわかるか！」

あまりにもうるさいので、インカムをはずし、相手が一息つくまで勝手に怒鳴らせておく。怒鳴り声を十数分も続けると、相手はさすがに息切れしたようで、「ハア、ハア、ハア」という息遣いが聞こえてきた。そこでインカムを再び取り付け、声をかける。

「落ち着きましたか？　それにしても怖いなあ、Nさん。お孫さんにも今いっていたような汚い言葉を浴びせるのかなあ？」

顧客情報によると、Nさんは二世帯住宅に住んでおり、孫とも同居しているということだったので、私は陰湿な嫌みをいい放ったのだ。すると再び火がついたかのように罵詈雑言《ばりぞうごん》が始まり、最後にNさんは叩きつけるように電話を切ってしまった。

その後、同居しているNさんの娘さんより、父の借金を肩代わりしてもいいという申し出があった。しかし代位弁済を受けてしまうと、「なんで俺の借金を娘に払わせたんだ」と本人からクレームを入れられる恐れがあったため、私たちは娘さんからの代位弁済の依頼を断った。

「もう回収できないかもしれない」と半ば諦めていたところ、再び娘さんから電話があった。電話口の向こうの声は涙声だった。

「どうしたんですか？　何かあったんですか？」

「先週、父が死んでしまって……」

「えっ？」

よくよく聞いてみると、本人には心臓に持病があり、そんな状態で連日のように返済を迫るサラ金業者と怒鳴りあっていたようだ。そうこうしているうちに、心臓が耐えられなくなってしまい心筋梗塞《こうそく》を起こしてしまったのだ。

「父がご迷惑をおかけいたしました。父の借金は私ども夫婦が何とかお支払いいたしますので、お利息を何とかまけていただけませんか？」

律義で親思いの娘さんだった。そこで私は答えた。

「もう心配しなくても結構ですよ。あなたにお父様の債務をお支払いする義務はございません。安心してください。その代わり、お父様の死亡診断書を送っていただくことは可能でしょうか？」

彼女は、私のいったことがよくわからない様子だった。

「当社は、お父様が万が一亡くなられた場合を想定して、保険に入っております。ご遺族の方にご負担をかけないように配慮した保険です。しかし、保険の手続きには死亡診断書が必要となりますので、ご提出をお願いしたいのです」

この保険が、リボルビング団信と呼ばれる「消費者信用団体生命保険」というもので、債務者が死亡すると債務をカバーしてくれるのだ。

一週間後、娘さんから死亡診断書が届いた。死亡確認ができた瞬間に、私は「やった！」と声を上げ、「さんざん、悪態ついてきた奴から回収することができたぜ」と同僚たちに自慢した。同僚たちも「お前の粘り勝ちだよ」と賞賛の言葉を投げてくれた。

死んだお客さんのことは班長に報告しなくてはならない。そのときの私は意気揚々と、「この人、死んじゃいました」と報告した。すると班長は、「おっ、やっとこいつくたばったか。やっぱり、人様にさんざん迷惑かけてきた奴は死ぬんだな。やったじゃないか、杉本。これで九〇万円回収だよ。九〇万は大きいぞ」と大喜びの様子だった。

私は、死亡診断書と共に、「死亡」が明記された住民票と契約書、取引履歴を合わせて償却センターへ移管した。これでまた私たちのグループの回収率がアップしたのだった。

振り返れば当時の私は、債務者の命をあまりにも軽くみていた。取り立てを行っていたのは私だけではないだろうが、それでも私が与えたプレッシャーがNさんの心臓に負担をかけていたことは間違いない。結果としてNさんは心筋梗塞を起こし、亡くなってしまった。

しかし、当時の私は自分が行っていることの異常さに気がついていなかった。私はひどく冷酷な人間になっていたのだ。「正気」を取り戻した今、私はNさんやNさんの家族に申し訳ないことをしてしまったと、ときおり張り裂けそうな思いに襲われることがある。

暴力団構成員の家に取り立てに行く

このころの私は、渉外業務に関してある程度の自信をもつようになっていた。どんなに厄介な案件でも粘り強く執拗に取り立てれば、いくらかでも引き出すことができると感じていた。同時に仕事がとても楽しかった時期でもある。

二〇〇五年八月ごろのことだが、ヤクザの家に交渉に行き、恫喝《どうかつ》されながらも五〇万円を取ってきたことがあった。

返済が半年ほど遅れていたケースだった。払わない理由は、支店の店長の態度が気に入らず、そのため返済をやめたというものだった。

通常はトラブルを警戒し、暴力団関係の人には貸さないようにしているのだが、貸した店長によると、その月のノルマを達成するために、やむをえず貸してしまったという。

顧客情報を見ると、相手は不動産のブローカーを営んでいるということがわかった。サラ金業界では、自営の不動産ブローカーという業種は実に信用が低く、貸付を規制するのが常識となっている。だから、いくら貸したとしても通常五〇万円までしか貸さない。

店長が嫌われてしまった理由は些細《ささい》なことがきっかけらしく、「何だお前その態度は」と因縁をつけられた挙げ句、さんざんごねまくられ、結局回収できなくなってしまったということらしい。その支店の店長はどちらかというと気弱なタイプの人で、そのため、この債権とはもう関わりたくないという判断をし、管理センターに流してきたのだ。

私が思ったのは、「態度が気にくわない」ということなら、若い自分が足を運び、丁寧にお願いをすれば、相手もわかってくれるのではないかということだった。誠心誠意対応して、筋を通せば、回収できるかもしれない……。

　さっそく電話をかけてみると、相手は驚くほどあっさり電話に出た。そこで私が、「管理センターの杉本です」と名乗ると、さっそく「お前の店の奴の態度が悪くて頭にきてるんだ」と文句をいわれる始末だった。別に怒鳴ったりはしないが、ずっと文句をいい続けている。

　しばらく先方の話を黙って聞いていると、「俺は金に困っているわけじゃないから、お前が俺のところに直接来るんなら、返してやる」といい始めた。これはチャンスだと思った私は、「ではわかりました。行かせていただきます」ととっさに返事をしていた。

　班長に報告すると、「何でお前行くなんていったんだ。お前の身の安全に関わることなんだぞ。何かあったらどうするんだ」と叱《しか》られた。しかし、私には絶対に取れるという自信があった。そこで、「ぜひ行かせてください」と班長にお願いしたのだ。

　班長とセンター長が相談した結果、もし危ないことがあったらすぐに逃げること、監禁されそうになったらすぐに携帯を鳴らすこと、という二つの取り決めをして、最終的に行かせてもらえることになった。不測の事態が起きれば、会社のほうからすぐに警察に連絡し、現場に駆けつけてもらうという。

話が大げさになるにつれて、事の重大さに気づかされた。しかし今さら、「行くのをやめます」というつもりはない。私は覚悟を決めて出かけていった。今考えれば、本当によく行けたと思うが、大学時代の応援団のOBに暴力団に入った人がいたりして、多少の免疫ができていたせいもあったのかもしれない。

いざ現場に到着すると、そこはびっくりするほどの超豪華マンションだった。借りるとしたら一カ月の家賃は最低一〇〇万円はするかのような豪華さだ。

一階の玄関で、彼の部屋へのインターホンを押すと、「おう、どいつじゃ!」と、ドスの聞いた乱暴な言葉が返ってくる。すかさず私が、「昨日お話しさせていただきました〇〇の杉本です」と名乗ると、玄関を開けてくれた。

緊張しつつも、気合を入れて彼の部屋の前に立つ。ドアを開けてもらい、家のなかにお邪魔すると、床には一面大理石が敷き詰められており、その床の上には頭部がそっくりそのままついた虎の毛皮が敷かれていた。テレビや映画でよく見かけるあの敷物である。さらに部屋のなかを見渡すと、高そうな骨董品《こっとうひん》や掛け軸が飾ってあり、棚には日本刀が置かれているのが見えた。何からなにまで典型的な〝ヤッチャンの家〟なので、本当にこういう世界があるんだなあと、感動してしまうほどだった。

極めつきは、債務者本人だった。プロレスラーの藤原喜明にそっくりで、見るからにいかつい人だったのだ。ひげを生やし、ガタイもいい。見るからにヤクザという人だった。こういう風貌《ふうぼう》の人であれば、わざわざ彼の職業を尋ねる人はいないだろう。なぜなら誰が見てもすぐにヤクザだとわかるからだ。

目の前に広がる光景のすべてが、いかにもという感じで、私は「あっちゃー、本当に来ちゃったなー」と緊張の面持ちを隠せなかった。

彼の目の前に立ち尽くしていると、私はいきなり怒鳴られた。いや、実際に怒鳴られているわけではないのだが、地声があまりにも大きいため、怒鳴られているように聞こえるのだ。

「よく来られたな、お前。そんなに金返してほしいのか」

厳しい口調だ。

「お前ら儲かってるじゃねえか。こんなはした金でグタグタいいやがって」

ここで臆していたらどうしようもない。私は冷静に対応した。

「会社がお金をお貸しして、それを返していただくのが私の仕事です。ですから申し訳ないのですが、今いくらかのお金があるのでしたら、一万円でもいいから返してください」

私の言葉に反応し、今度は本当に怒鳴り出した。

「バカヤロー、金なんてあるわけないだろう」

「そんなことといわれましても困ります。もしまったく返してくださらなかったら、今日私がここに来て、『お願いします』と頼んでいる意味がなくなってしまいます。少しでも返していただけませんか」

こう私がきっぱりというと、相手は一瞬黙ってしまった。まさに緊張が最高潮にまで達した瞬間だった。相手が次にどう出てくるのかわからないので、私のほうも押し黙るほか手立てがなかった。

「気に入った！　お前のその態度、俺は気に入ったよ」

張り詰めた空気を打ち破るかのように、彼の大きな声が部屋中に響いた。その声を聞いた瞬間、「これで回収できたぞ」と心の中でニンマリとする思いだった。

話を聞いてみると、彼は他社からも借金をしており、どこの会社に対しても返済をしていないのだという。ところが、どこのサラ金も、彼が真っ当な商売をしていない人間だとわかった瞬間に督促をやめ、手を引いていってしまうのだそうだ。そして、彼は続けた。

「だけど、お前は俺のことがわかっていながら、よくここまでやって来て、堂々と自分の主張がいえたな。お前なかなか根性あるなあ」

そういい終えると彼は部屋にある金庫の扉を開け、一〇〇万円の札束をつかむと、それをこちらによこした。

私が「五〇万円で結構です」と断ると、彼は「バカヤロー、それじゃ俺の気がすまないから、全部もっていけ!」と声を張り上げる。しかし、あとから何かしらの因縁をつけられることも考えられるので、必要以上のものは受け取れない。

「私も金融機関の人間です。ここでお客様から一〇〇万円をいただいて、五〇万円だけを会社に返したら、横領ということにもなりかねません。ここにお邪魔したのもあくまで仕事としてやっておりますので、お願いですから五〇万円だけいただかせてください」

こういうと、相手も納得したようで、ようやくにして五〇万円だけを受け取ることができたのだった。

帰る間際になって、「お前、何か格闘技でもやっていたのか?」と私は聞かれた。そこで、「恥ずかしながら、応援団をやっておりました」と答えると、「そうか、やっぱりな。そうでもなければ来られるはずがない。見た瞬間にただ者ではないと思った。お前の堂々とした態度をうちの若い衆にも見せてやりたかった」といわれ、感心されてしまった。

回収した五〇万円の入ったカバンを抱え、マンションから出てくると、疲れがどっと噴き出してきた。彼とのやり取りのすべてが単純でわかりやすく、とにかくマンガのような回収作業だった。

彼らは本当に人間のクズなのか

仕事をするにおいて、何もかも順調にいっているように思えていた。架電回収にしても、渉外業務にしても、それなりの成果を上げることができていたと思う。

しかし、人間の心は移ろっていく。管理センター勤務も三年目を迎え、数多くの不渡り会員を担当していくにつれて、私は段々と自分のしていることに嫌気がさすようになっていった。

精神状態は少しずつ変調をきたしていたようで、時折ひどい疑心暗鬼と人間不信に陥っている自分に気がつくことがあった。それでも、極力平静を保つように心がけ、少しでも回収率を上げようと力を振り絞った。しかし、回収率を上げることはもはや容易《たやす》いことではなくなっていた。

回収が難しくなってきたのは、何も私の精神状態だけが影響していたのではなかった。サラ金を取り巻く社会的な環境が変わってきたことも大きな原因の一つだった。インターネットや書籍、雑誌などで情報を集め、自己破産をはじめとした債務整理を行う人たちが増えたため、回収ノルマを達成することが難しくなってきたのだ。

この時期、私のグループの班長、先輩社員、管理センターの同僚社員らは会社の将来に見切りをつけ、次から次へと会社を後にしていった。そのために私たちは新たな上司を迎えることになったのだが、新しく転属してきた直属の上司である班長は、思うように上がっていかない回収率にイライラし、毎日のようにネチネチと説教をするような人だった。

だが、説教をしたからといって回収率が上がるわけではない。そうこうするうちに、説教だけでは飽き足らなくなった班長は、しだいに部下たちの人間性をも否定するようになった。

こうしたピリピリとした雰囲気の職場で働いているせいか、私はいつしかストレスを溜め込むようになり、そのストレスを発散させるため、徐々にアルコール漬けの日々を送るようになる。

管理センターに異動してきた当初は、借りた金を返さない奴なんか人間のクズだと思っていた。ギャンブル依存症の会社員、ブランド品を買いあさる買い物依存症のO

し、夫に秘密で借金を重ね、返済困難に陥った主婦など、私は彼らのことを本気で「人間のクズ」だと思っていたのだ。ところが、精神状態が不安定になるにつれて、自分の考えは誤りだったのではないかと考えるようになってきていた。

バブル経済崩壊後の経済不況が長期化、深刻化するなかで、事業の失敗、企業のリストラ・倒産による失業や収入減、生活苦などが原因で、返済不能となってしまった中高年男性も多い。さらに、住宅ローンや子どもの養育費を補うために借金まみれになってしまった若妻、借金をしたまま行方不明になってしまった我が子のために年金のなかから少しずつでも代位弁済を続ける老いた母など、必ずしも自業自得とはいえない理由で債務を負ってしまったケースもある。そして私はこういった人たちに、これまでのように非情になれなくなっていた。

私の仕事は債務者から借金を回収することであり、それによって私は報酬を得ている。だからといって、情け容赦のない取り立てを行い、毎日のように人を追い込んでいくことにどれだけの意味があるのか。私は、自問自答を繰り返すようになっていた。

もちろん、ギャンブルなどの遊興目的で無計画に債務を膨らませ、返済できなくなると平気で逃げる会員もたくさんいた。家族に借金を肩代わりさせて、家族の貯蓄を食い荒らすような債務者はどう考えても許せなかった。

そういう連中を相手にするときは、法律スレスレの手段をとってまでも回収業務をしっかりと行った。過酷な取り立ての成果が実り、回収達成となると、相変わらず私は喜びを爆発させていた。しかし、ふと気がつくと、喜びのあとに強い虚しさに囚《とら》われている自分に気がつくことも多くなってきた。

同時に、三年間も管理センターにこもって取り立てだけを続けてきた私は、会社全体のなかで浮いた存在になってきていることも事実であった。

「朝から晩までひたすら電話をかけ続けるだけという、社内でも最も忌み嫌われている部署にいる自分というのは、一体何なんだ？」

ある晩、仕事帰りの電車に揺られながら自分自身のことを考えていると、大きな声をあげて叫びたいような衝動に駆られた。私の精神状態は、いつ限界がきても不思議ではない状況にまで追い込まれていたのだ。

「お前なんか死んじゃえよ！」

サラ金は、年利二％弱という超低金利で銀行や信託銀行、生命保険会社からお金を借り、それを二五～二九・二％の利率で個人に貸付てきた。利率の差はおよそ一五倍となっており、これを見ただけでも、どれだけサラ金が暴利を貪《むさぼ》ってきたかがわかってもらえるだろう。

「他人のふんどしで相撲を取る」といういい方があるが、サラ金の商売の仕方はまさにこの言葉に当てはまる。こっちから持ってきたものをあっちに流し、そこで生じた利ざやで儲ける。何ら形に残る物を作らない商売であり、考えれば考えるほど、私は自分の仕事に嫌気がさしてきた。

そんな折、サラ金業界にとって大事件が起こった。序章で触れたとおり、二〇〇六年の一月、最高裁が貸金業規制法の第四三条（みなし弁済規定）について重大な判断を下し、その判断のなかで出資法で定められた二九・二％までの年利を否定し、利息制限法という民法上の法律で定められた利率である年利一五～二〇％を超過してはならないとしたのだ。

これによって債務者は、手続きさえ行えば残債務額に応じて利息率一五～二〇％の計算で現在の債務を引き直すことができるようになり、二〇％以上の利率で支払ってきた返済金を過去一〇年までさかのぼって「過払い金」としてサラ金に逆請求できるようになった。つまり、サラ金業者にとっては、低い金利で金を借り、とてつもなく高い金利で金を貸すという「儲けのカラクリ」にストップがかけられただけでなく、過去にまでさかのぼり、〝違法〟に徴収していた過払い金を利用者に返還しなくてはならなくなってしまったのだ。

この判断が下されたとき、「この業界はもう終わりかもしれないな」と私は感じた。できるだけ多くの利子をむしりとることで、サラ金は莫大《ばくだい》な利益を貪ってきた。しかし、今後はそれが収縮していく。私たちの将来に活路はないように思えて仕方がなかった。

完全に踏ん切りがついたのは、ある日の夕方のことだった。その日の仕事もひと段落しかけたころ、副センター長が班の全員に集まるように命じた。そのときの副センター長は半年前に着任したばかりの人だったが、既によく怒鳴り散らす副センター長として有名になっていた。

「なんだお前ら、やる気あるのか。この回収実績はなんだ！」

彼は、私たちをデスクの周りに立たせると、さっそく怒鳴り始めた。そして、さらにネチネチと叱責《しっせき》を続けたかと思うと、次に私に向かってこういい放った。

「お前なんかいなくなっちゃえ。お前なんか死んじゃえよ！」

それがトドメの言葉だった。私は強い怒りを覚え、その場で即、「それでは辞めさせていただきます」と答えていた。

よく考えてみれば、副センター長が発した言葉は、私がこれまで不渡り会員に対して常套句《じょうとうく》のようにいい放っていた言葉だった。皮肉なことなのだが、そうした言葉に今度は私自身が打ちのめされていたのだ。

相手を責めたて、とにかく追い込んでいくことが私の仕事だった。さらに私は、そんな仕事にやりがいを感じていた。私の言葉によって、一体どれだけ多くの人が傷ついたことだろう。そんなことはこれまで考えもしなかった。ところが恥ずかしいことに、自分が責めたてられる側になってやっと追い込まれる側の気持ちがわかったのだ。

私はこれまでなんと残酷なことをしてきたのだろうか。ゲーム感覚で人を苦しめてきた自分は卑劣な人間以外の何者でもない。私はひどい自己嫌悪に陥った。

こんな会社にいてはいけない。こんな仕事を続けていたら、私はもはや人ではなくなる。そう強く感じたのだった。

数日後、私はセンター長に正式な辞職届を出し、四年半勤めた会社を退職することにした。

第五章 あなたが多重債務者になってしまったら

恩師の崩壊

四年半勤めた会社を辞め、私はうしろめたい気持ちを抱きながら東京をあとにした。地元に戻ると、幼なじみだった友人たち五、六人が、行きつけの居酒屋で私の歓迎会を催してくれた。温かい友情に触れ、地元に帰ってきてよかったと実感する思いだった。

友人たちは、私がサラ金で働いていたことを以前から知っていた。そのためもあってか、話題は次第にあることに向けられていった。それは小学校四年生から六年生までの担任だったS先生についてのことだった。

私がまだ管理センターに勤務していた二〇〇五年のこと、顧客画面を何気なく見ていると、S先生と同姓同名の人物が画面上に現れた。まさかと思いながら、詳細を見るためにその人物の個人データを引き出してみると、なんと勤務先が私の地元の小学校になっている。その他の顧客情報を確認してみても、この人物はS先生に間違いなかった。私は大きなショックを受けた。

S先生は厳しい人だったが、人情味に溢れた先生で、私にとって恩師といえる人だった。私が結婚するときには、仲人もしくは主賓として結婚式に出席してもらいたいと考えるほど、大切な人だったのだ。

恐ろしいものでも見せられているような感覚に襲われながらも、私は画面上に表示されているS先生の債務状況から目が離せなかった。

画面に出てきた情報によると、S先生は地元の支店で借金を重ねており、これまでに何度か遅延を発生させている。回収履歴を見てみると、すでに学校のほうに何回も電話をされており、備考欄には地元の支店の人間が書き込んだ連絡事項が記されていた。

「職員室に一二～一三時に電話をすること有効」
「不履行を繰り返すおそれがあるので、過酷な請求必要」
「毎回待ってくれ待ってくれというが、聞く必要なし」
「『わかってる、わかってる。だからもう学校に電話するのを止めてくれないか』といつも懇願してくるが、本人が支払うまで今後も学校への電話が有効」

当時は私自身も厳しい取り立てをさかんに行っていた張本人だ。こうした申し送り事項を見れば、S先生がどれだけ執拗で過酷な督促を受けているかは容易に想像することができた。

私はさらに信用情報機関の端末にアクセスし、他社からの債務についても調べてみた。もちろんこうしたことは禁止されている行為だが、私の指は勝手にキーボードを叩いていた。すると六件で債務額七〇〇万円という数字が出てきた。

自分の恩師が多重債務者になっている——。

S先生の月々の返済額は二〇万円ぐらいになっているはずだった。五〇代後半の教務主任で、仮に毎月五〇万円の収入があるとしても、妻子もちの身としては月々二〇万円の返済額は相当な負担だ。

会社を辞めてからも、S先生のことはとても気になっていた。どうしてこういうことになってしまったのだろう。私は事の真相を知りたくて、居酒屋に集まった幼なじみたちに詳しい話を聞いてみることにした。彼らのなかにもS先生に教わったことのある人もおり、先生のことはよく知っている。さらに、ここは都会と違ってコミュニティーが小さい。先生のことは地元ではある程度の噂になっていて、幼なじみたちはかなり詳細な事情まで知りえていた。

幼なじみたちから聞いたことと、私が知りえたことをまとめてみると、おおよそ次のような話になる。

——S先生の借金の理由は女だった。家庭をもつS先生だが、外に愛人を作っていた。

先生は婿養子だった。婿養子先の義父は教育委員会の役員をしており、奥さんは地元の小学校で教頭まで務めた人だった。要するに先生の婿養子先は地元では名家といわれるような家だった。

S先生は、婿養子として肩身の狭い思いをして過ごしていた。一方、奥さんはプライドが高い人で、気も強い人だった。いつも奥さんに何かしらの文句をいわれ、家に居場所がなかったのだろう。先生にとって家庭は安息を得られる場所ではなく、常に責めたてられる場所でしかなかった。

そんな家庭に帰ってもおもしろいわけはなく、先生はいつしか地元の小料理屋に入り浸《びた》るようになり、最後にはそこの女将《おかみ》とできてしまう。先生にはそこが唯一心休まる場所だったのだ。

実は、先生が不倫をしているというのは、私たちが小学六年生のころにすでに噂になっていた。私たちが一二歳、先生が三八～三九歳のころだったと思う。当時、小料理屋の女将さんは二三歳ぐらい。彼女には離婚歴があって、離婚の原因は夫が他の女と逃げてしまったから、という話だった。

いずれにしても、先生は小料理屋の若い女将と深い関係をもつようになっていく。

彼女は先生に優しく接し、先生にとってみれば、彼女の元は心安らぐ場所だった。

ところが、先生の前途には転落への道が待ち受けていた。女将さんの小料理屋はあまり繁盛しているとはいえない店で、そのためにいつしか運転資金に困るようになっていったのだ。

先生にとって小料理屋は大切な場所だし、女将さんに対しての愛情もある。何とかしてやりたいと思うのは当然の成り行きだった。ところが先生の給料はすべて奥さんに管理されていた。しかたなく銀行で借りることを考えたりしたのだが、愛人の店を再建するための資金を融資してくれるようなところはなかった。

どうしようもなくなった先生は、とうとうサラ金からお金を借りてしまう。一九九〇年前後の話だから、金利も五四・七五%とかいう時代だっただろう。お店が繁盛し、早い時期に借金を返すことができれば何の問題もなかったのだろうが、残念ながらそういうことにはならず、債務額はどんどんと膨れ上がるばかりだった。

さらに悪いことが続いた。サラ金からの借金が奥さんにばれてしまったのだ。愛人に貢いでいたということがわかると、奥さんは半狂乱になって怒りまくった。その時点から先生に対する奥さんの厳しい仕返しが始まった。

奥さんは借金の返済には一切協力せず、給料はこれまで通り全額家に入金させ、先生には最低限必要な小遣いしか渡さなかった。先生には子どもが二人いたが、その二人からは「お母さんを裏切って、よその女に手を出したろくでもない親父」として嫌われるようになり、義理の両親からも事あるごとにいい立てられた。そうなると、家庭にいるときは常に針のむしろの上に座らされているようで、家庭には先生のいる場所はなかった。

最初の借金から一五年以上経っても、先生は借金を返せずにいた。返済が滞るたびに、容赦なく学校に督促の電話がかかってくる。そうしたことが何度か繰り返されると、校内の先生たちもS先生の借金のことを知るようになっていった。そしてついに状況を見かねた校長が弁護士を紹介してくれたそうだ。それは二〇〇六年が明けたばかりのころで、最高裁が二〇％を超える金利を違法と判断した時期と重なっていた。

一五年以上も返済を続けていた先生は、当然過払いの状態にあった。つまり、返済をこれ以上行わなくても残債務はゼロになっていたのだ。

こうしてサラ金からの執拗な取り立てから解放された先生だったが、既に学校中に借金のことが知れ渡ってしまっており、そのままそこで働くことが難しくなっていた。そのために、とうとう学校を辞めてしまったのだ。

しかし、借金の解決だけが先生が背負っている問題のすべてではなかった。教師仲間から好奇の目を向けられることもなくなり一息つく思いだったのは確かだが、今度は家庭での仕打ちが先生を待ち受けていた。毎日のように家族からは罵《のの》られ、奥さんからは嫌味をいわれる。先生は日々追い詰められ、春先になってついに首吊り自殺をはかってしまったのだ。幸い、首に巻いたロープが切れたことによって死ぬまでには至らず、事切れる前に発見された。しかし一命は取り留めたものの、先生は廃人のような状態になってしまったのだった――

幼なじみの口から出てきた話はあまりにもショックで、私はしばらく言葉を発することができなかった。同時に、私は改めて強い自己嫌悪を感じていた。私が直接、先生の取り立てを行ったわけではない。しかし、私は人を地獄の底へ陥れるような取り立てをこれまで生業にしていたのだ。決して無関係とはいい切れない心境に陥り、私は落ち着かなかった。

恩師との再会

〇六年六月になって、私は入院先の病院に先生を見舞いに行った。病室には奥さんや家族の姿はなく、代わりに先生の面倒を見ていたのは愛人である小料理屋の女将だった。

ベッドに横になった先生は、こちらを見ても私が誰だか判別できなかった。そういう先生の姿を見て、私は涙を止めることができなかった。

サラ金からの借金で苦しむのは、元はといえば自分で蒔《ま》いた種であり、仕方がないことだというのが私の一貫した考えだった。しかし、目の前の先生を見て、サラ金業者に対する私の怒りは大きくなっていった。絶対返せないのがわかりながら相手が破滅するまでお金を貸し、その後は容赦なく取り立てる。どう考えたっておかしな話ではないか。

廃人のようになった先生の姿を見ながら、サラ金の汚さや自分がやってきたことの罪深さを、私は実感させられていた。

その後先生はどうにか退院し、現在は自宅療養をしている。本来なら、離婚になってもおかしくないような状況だが、奥さんはいまだに先生と別れていない。それは夫への愛情のためではなく、たぶん奥さんのプライドのためだ。

奥さんにとって離婚というのは、実に不名誉なことであり、それだけは絶対に許せないことなのだろう。さらに、廃人のようになってしまったといえども、自分の夫を愛人のものにはさせたくないという女の意地があるのかもしれない。

先生の姿を見て以来、私のなかには「多くの人にサラ金の醜さを伝えたい」という感情が湧き上がるようになっていた。あれこれと考えているうちに、新聞記者の人に会って、自分の経験を話すべきなのかと思ったりもした。ところが私には、新聞記者にコンタクトするだけの勇気がなかった。

多重債務問題の集会に参加する

もやもやとした気持ちが晴れないままの状態だったが、ある日、アイフルの労働組合が実家からほど近いところにあるということを知り、まずはそこに連絡してみることにした。これがきっかけで、私は多重債務問題に深く関わっていくことになる。

労働組合の代表者の知り合いに、サラ金批判で有名なあるジャーナリストがいた。私は代表者を通じてそのジャーナリストと知り合いになった。

実は以前から、私はそのジャーナリストの書くものをよく読んでいた。当時はまだサラ金に勤めていたころで、「こいつはサラ金を一方的に非難するだけのどうしようもないジャーナリストだ」という目で見ていたのだ。

あるときそのジャーナリストから、高金利引き下げ集会というものに参加してみないかと声をかけられた。以前の私なら、「こういった集会は金を借りて返さない奴らが一方的にサラ金批判を喚《わめ》いているだけの集まりだ」と考えたことだろう。しかし今の私には、何かしらの行動を起こしたいという強い気持ちが充満していた。そこで、勇気を出してその集会に参加してみることにした。

ただし、ある種の危惧《きぐ》を抱いていたのも事実だ。私はこれまで過酷な取り立てを行ってきた張本人だ。おそらく参加者のほとんどが私を歓迎せず、批判の目を向けてくるに違いない。だが、それでもいいと思った。批判の目に晒《さら》されようとも堂々と自分をさらけ出す。そうすることが、自分の行ってきた無慈悲な取り立てに対するせめてもの罪滅ぼしになる。

集会終了後の懇親会にも参加した私は、自分の経歴を包み隠さず明かすと、みんなの前でこういった。

「今日は私、あえて批判されるのを覚悟でここにやってきました。甘んじて皆さんの批判をお受けいたします」

懇親会の参加者たちのなかには、これまで実際に多重債務で苦しんできた人たちがたくさんいた。そのため、どのような厳しい言葉が投げつけられるかと一瞬身構える思いだったのだが、私を批判する人はほとんどおらず、予想に反して優しい言葉をかけてくれる人が多かった。

「ありがとう、よく話してくれたね。相当勇気がいることだよね」

「君の話にはすごく説得力があるから、今後もいろんなところで話してほしい」

「こういった汚いことをしていたということを正直に具体的に語ってほしい」

「もしよかったら、今度集会があるから講演してください」

もちろん、「取り立てをしていて、楽しかったのですか?」と私を責めるような言葉を投げかけてくる人もいた。しかし、私はそうした質問から逃げずに、丁寧に返答することを心がけた。

元取り立て屋から多重債務問題の相談員に

地元に帰ってきてからもうすぐ二年が経とうとしている。そして現在、サラ金とはまったく関係のない企業に再就職し、カスタマーサービスのコールセンターでスーパーバイザーを務めている。

その一方で、私は引き続きサラ金問題に関する集会などに参加し、元取り立て屋としての立場で自らの体験を語り、サラ金業界の醜さを訴えてきた。その後、全国クレジット・サラ金被害者連絡協議会（被連協）の構成組織の一つに所属するようになり、今はボランティア相談員として多重債務者たちから相談を受ける側に回っている。

早いもので、相談員として活動し始めてからすでに一年以上が経つのだが、改めて感じるのが、サラ金の取り立ては非情であり、そのために多くの債務者たちが悲惨な状況に追い込まれているということだ。

多重債務に陥り、一日に何度も取り立ての電話がかかってくるようになれば、誰もが精神的に不安定になっていく。そのせいで自暴自棄になり、最終的に家族崩壊にまで至ってしまったという話は後を絶たない。

闇金や携帯電話を使った「０９０金融」などからの借金を抱えている人もいる。こうした違法業者からの取り立ては、サラ金業者よりもさらに悪質だ。

電話による取り立てはもちろんのこと、死を連想させる文章と共に弔電を送りつけたり、大量のピザや寿司を勝手に注文して債務者の家に配達させたりする。さらに悪質な業者は、夜中に救急車や消防車を差し向けてくるところもある。こんなことを日常的にやられれば、精神的なストレスは相当なものになるだろう。

多重債務で苦しむ人のなかには、目の前の問題から逃れるために夜逃げや自殺といった手段を取る人たちもいる。だが、こうしたことは絶対にするべきではない。仮に夜逃げをすれば、確実に家族が巻き添えになる。逃げた先の役場に住民票を移せば、居所が知れてしまうので、住民票も移せずにひっそりと暮らしていくしかない。そうなれば、子どもは移転先の学校に通うこともできないし、国民健康保険に加入している場合は、継続して加入することが難しくなる。また、自殺をすれば、残された家族は悲しみ、途方にくれることだろう。それでは、多重債務問題の解決にはならない。

サラ金に勤めていた私の言葉だからこそ、ある程度の説得力を感じてもらえるだろうと思っていうのだが、そもそもサラ金や違法業者からの取り立てなどに神経をすり減らし、夜逃げや自殺などをする必要は一切ないのだ。所詮、借金は借金でしかなく、今ある生活や、ましてや命までも犠牲にして償わなくてはならないものではない。多重債務の問題は、本人の意思さえあれば必ず解決できる。このことを理解してもらい、問題解決のための行動に移ってほしい。

債務整理の四つの方法

では実際に多重債務を解決するにはどうしたらいいのだろう。

通常、法的な多重債務の解決法のことを「債務整理」というが、それには主に①任意整理、②特定調停、③個人再生、④自己破産という四つの方法がある。そこでこの項では、これらの四つの方法について説明していきたい。

①任意整理

任意整理では、弁護士や、簡易裁判所での訴訟代理業務を行うための認定を受けている認定司法書士といった法律の専門家に介入してもらい、サラ金業者などの債権者と和解交渉を進めてもらう。

任意整理の手順としては、残債務額をまずは利息制限法によって定められた金利（債務の額により一五〜二〇％）で「引き直し計算」し、返済額を減らした上で、原則三〜五年程度の分割払いで返済していく。こうした条件で債権者側との和解が成立すれば、残債務に対しては利息がつかず、債務者は安心して借金を返していけるというメリットがある。

また、弁護士や認定司法書士に任意整理を依頼すると、依頼を受けた弁護士や認定司法書士は債権者に「受任通知」を送る。債権者は、受任通知を受け取った時点で債務者に取り立てを行うことができなくなるので、取り立てに悩まされることがなくなる。さらに、引き直し計算をした結果、払いすぎ（過払い）が生じていることが判明すれば、債務の元本からその分が差し引かれるだけでなく、本来支払うべき額を超過していた分の過払い金を取り戻すこともできる。

ここまではいいこと尽くめのように聞こえるかもしれないが、しかし任意整理には一定の条件があり、すべての人がこの解決法の恩恵に与《あずか》れるわけではない。

まずは減額された債務を三～五年程度で返済できる見通しがなくてはならない。そのため、残債務があまりにも大きい場合や、将来的な収入の見込みがない人はこの方法を活用することができない。また、債権者側が和解を受け入れなければ成立しないので、この点も考慮に入れる必要がある。

さらに、各個人信用情報機関のブラックリストに名前が載ってしまうので、新たに借り入れをしたり、クレジットカードをつくることができなくなる。このことは、特定調停・個人再生・自己破産を行う際にも共通していえることだ。

任意整理を依頼した弁護士や認定司法書士への報酬も生じるので、このことも考える必要がある。費用のおおまかな目安は、債権者一社につき数万円だ。ただし、分割払いを認めてくれるところがほとんどなので、よく相談してみるといいだろう。

②特定調停

簡易裁判所を通して債権者と債務者が話し合いを行うのが特定調停といわれるものだ。「債権者と債務者が話し合う」といっても、交渉のすべてを当事者たちが行うのではなく、調停委員が間に入るので、裁判所を介した任意整理を想像すると理解しやすいかもしれない。ただし、三年以内で完済できる見込みがある人が対象となり、仮に債権者側との合意が成立しなければ、他の方法を検討しなければならなくなる。

具体的な手順としては、利息制限法に基づいて引き直し計算を行い、残債務額を算出する。その後、過払い分があれば、それを元本から差し引き、残った債務を原則三年以内で分割払いできるようなプランを作成していく。

ただ、引き直し計算の結果、完済の状態になっていたことが発覚しただけでなく、本来返済すべき金額より多く弁済していたことが判明したとしても、特定調停の場合、過払い金を取り戻すことが難しい。ここが任意整理との大きな違いになる。調停成立後、返済が二回以上滞ると、訴訟を経ずに給料を差し押さえられる可能性があることも認識しておく必要がある。

それでも特定調停にはメリットが多い。調停成立後の債務額には利息がつかないし、裁判所が調停の中し立てを受理した旨を債権者に連絡した時点から取り立てが停止される。また、弁護士や認定司法書士の費用もかからず、実際に必要な費用は印紙代と切手代だけである。こうしたことを総合的に考えて、任意整理がいいのか、特定調停がいいのか判断していけばいいだろう。

③個人再生

利息制限法に基づいて引き直し計算をしても債務額が返済可能な額にならない場合、債務者が住む地域を管轄している地方裁判所に個人再生の申し立てをし、裁判所の手続きを通じて債務額を減額してもらうことができる。

債務額が大きすぎて任意整理や特定調停が求める期間以内に完済するのは難しいが、一定の収入があるので自己破産するほどではないという人がこの方法を取る。

個人再生では、債務額を五分の一（場合によっては一〇分の一）にまで減らすことができるが、最低一〇〇万円は返済しなくてはならない。

実際の手続きがはじまると、今後の再生計画案を作成し、その案にもとづいて将来の収入から三年の分割払いで返済していくことになる。また、住宅ローンがある場合、「住宅ローン条項（住宅資金特別条項）」をつけることにより、支払い期間の延長や返済スケジュールを変更することができる。こうすることによって、住宅を競売にかけられたり、住宅ローンの保証人にローンの返済請求が行われる心配はなくなる。

個人再生のメリットとしては、ほかの債務整理と同様、債権者からの取り立てがストップする、住宅を手放さずに借金の返済ができるなどがある。

一方、デメリットとしては、弁護士・司法書士の費用がかさむことや、借金に対する連帯保証人がいる場合には連帯保証人に請求がいってしまうということなどがある。

また、官報に自分の名前が記載されてしまう。

④自己破産

債務整理の最後の手段が自己破産といえるだろう。自己破産では、自宅や自家用車、有価証券などの財産を処分し、返済にあてることになる。その代わり、それらの財産を処分しても返しきれなかった借金をすべて帳消しにすることができるので、新たな生活をスタートさせることが可能になる。

一般的に、財産がなく、さらに無職だったり、安定した収入が見込めない人たちが、自己破産という方法を取るケースが多い。

具体的な手順としては、債務者の管轄の地方裁判所に「破産手続き開始の申し立て」を行う。その後、裁判所において裁判官による「破産審尋」を受け、裁判官が返済不能であると判断した時点で「破産手続き開始決定」が下される。

破産手続きが開始されると、次に「免責審尋」が行われる。この免責審尋では、裁判官から借金の原因を問われることになり、仮にギャンブルや浪費が原因の場合は、「免責不許可事由」に該当すると判断され、免責が認められないこともある。ただし、免責不許可事由があるからといって、確実に認められないというわけでもなく、申し立てをしたほとんどの人が免責を受けているので、決して諦める必要はない。

自己破産には、資格制限というものがある。この制限を受けると、破産手続き開始から免責が確定するまで、保険外交員や警備員、株式会社や有限会社の取締役になれないといった制約が課される。しかし、免責が確定すれば資格制限が外されるので、再びそうした職務にも就くことができる。

また、自己破産をすると、選挙権が剥奪《はくだつ》されたり、勤務先に通知されると思っている人がいるが、そのようなことはない。ただし、官報および本籍地の市町村の破産者名簿に自分の名前が記載されてしまうことになる。破産者名簿については、本人以外は閲覧できないようになっており、免責決定後には名簿から名前が削除されるので、そんなに心配することはないだろう。

自己破産の最大のメリットは、何といってもすべての債務が帳消しになることだ。

さらに、債権者からの取り立てもストップするので、それまで凄まじい取り立てに悩まされてきた債務者にとっては、精神的な落ち着きを取り戻せることになる。ただし、借金に対して連帯保証人をつけていた場合、請求が連帯保証人にいくので、自己破産をすることによって他人に迷惑をかけることになる。

このように、多重債務の問題解決にはいくつかの解決方法があり、それぞれの状況に適した方法を選ぶことによって、法的な解決を得ることができる。

とはいっても、どの方法が自分にとって最も適したものなのか、判断が難しいと感じる人もいることだろう。そういう人は、すぐにでも相談窓口を訪れてほしい。本書の巻末に、相談を受け付けている組織の連絡先を記しておいた。どうしようか迷っている人がいれば、一度相談してみてほしい。これまで抱え込んできた陰鬱《いんうつ》な悩みが軽減され、将来への明るい道筋が開けてくることになるはずだ。

開き直ることも大切

多重債務問題を解決するための第一歩は、自分の借金に対して良い意味で開き直ることであると私は考えている。

日本人の国民性といえるのかもしれないが、無計画に借金を重ね、どうしようもなくお金にだらしないような人であっても、借金は必ず返さなくてはいけないという気持ちを捨て切れない人たちがたくさんいる。そのせいで、借金返済のための借金を重ねてしまい、気がつけば多重債務になっているという人が驚くほど多いのだ。これではいつになっても借金地獄から抜け出ることはできない。自分の収入で借金を返済することが難しくなってしまったら、とにかく新たな借金を重ねることを直ちに止め、すぐにでも債務整理に取り掛かるべきだ。

借金に対して開き直ることも大切な一方で、多重債務者になってしまった以上、いくつかのハードルを越えてもらわなくてはならないのも事実だ。その一つが、恥をかなくてはならないということである。

多重債務の問題で、弁護士や司法書士、被連協、自治体などに相談に行くと、最善の解決方法を探し出すために自分の借金のことを事細かく話さなくてはならない。特に被連協のようなボランティア組織は、再び多重債務に陥らないための生活再建を手助けするグループでもあるので、多重債務になってしまった原因を突き止めるために、どうして借金をしてしまったのかを詳しく問いただしてくる。

人によっては、借金の理由がキャバクラやホストクラブにはまってしまったせいだったりする。こうした極めてプライベートなことは、ほとんどの人が話したがらないだろう。しかしほとんどの相談窓口では、債務が膨らんでしまうまでの詳しい経緯を書面に書き出すことを要求され、さらに自らがその経緯を話さなくてはならない。つまり面子《メンツ》もプライドもズタズタにされることになる。しかし、こうした試練を乗り越えることができなければ、多重債務地獄からは抜け出せないのだ。

闇金業者からの借金は一切返す必要なし

多重債務を負った相談者のなかには、サラ金への借金を返済するために、財務局や都道府県に貸金業として登録していない闇金業者からお金を借りてしまう人たちもいる。こうした闇金業者は、出資法で決められている二九・二％という上限金利をはるかに超過する金利で金を貸しているところがほとんどだ。年利で一〇〇〇％なんていうのはまだマシなほうで、八〇〇〇％という利息を課してくる業者もいる。

以前、闇金からの借金を重ねていた三〇代の夫婦から相談を受けたことがあった。相談ブースに入ってくる二人は、実に不安げで、旦那さんのほうは実に頼りない姿だった。奥さんは度重なる取り立てによるためか、疲れ果てた様子をしていた。

債務を重ねた張本人である旦那さんによると、ギャンブルや飲食などのために借金を膨らませてしまったという。

私は、夫婦の詳しい事情を把握するために、債務状況や収入について書類に詳しく記入してもらった。それを見ると、中小のサラ金から一〇〇万円、闇金から九〇万円の債務があることがわかった。

驚いたのは、夫婦の収入額を見たときだった。旦那さんは手取りで月収二八万円、奥さんは二〇万円もらっているという。高給取りとはいえないかもしれないが、安定した生活ができるだけの額をもらっている。事実、二八万円という額は私の月給よりも多い額だ。まだ子どももおらず、奥さんも働いていることを考えると、この夫婦は経済的にかなり恵まれていると考えていい。

生活するのに十分な収入があるにもかかわらず、なぜこのような多重債務に陥ってしまったのか。私がこう質問すると、旦那さんが答えるよりも先に、奥さんが口を開いた。

「この人はとにかく見栄《みえ》っ張りなんですよ」

それを聞いて、やっぱりそうかと私は思った。多重債務者には見栄っ張りな人が多いのだ。

働いて得られる収入には限りがある。ところが見栄っ張りの人間は、誰かに誘われたときに「お金がないから、今日はパス」という一言がいえない。そのせいで、飲み会や遊びの誘いを断ることができずに、借金をしてまでも出かけていってしまう。

相談が始まってからまだ三〇分も経っていないのに、奥さんはしきりに携帯電話を気にしていた。サラ金や闇金からの督促電話であることは間違いない。実際に携帯電話を見せてもらうと、三〇分足らずの間にすでに二五件の不在着信記録が残っていた。

そこで私は、旦那さんに、闇金への借金は返す必要はないことを伝えた。旦那さんは、まさかそんなことが可能なのかという顔をしていたが、利息制限法で定められた上限金利だけでなく、出資法で定められた二九・二％という上限金利さえも遵守していない闇金は違法業者なので、彼らから借りた金は、一銭たりとも返す必要はないと説明した。

こうした説明をしている最中にも、電話がかかってくる。そこで私は、旦那さんに電話に出てもらい、借金を返すことができない旨を伝えるように頼んだ。

それを聞いて、闇金からの口汚い罵声《ばせい》にいつも悩まされている二人は、躊躇《ちゅうちょ》するような表情を見せた。しかし、借金をしてしまった以上、こうした修羅場を乗り越えてもらわなくてはならない。

「もしもし、はい。それがですね。もう借金を返せないんですよ。だからもうダメです。取り立ての電話も困るんです。とにかくもう返せませんから……」

旦那さんが、オドオドしながら返済拒否の意向を伝えると、電話の相手が大きな声で旦那さんを罵倒し始めたのが聞こえてくる。そこで私は、旦那さんから携帯電話を受け取ると、闇金業者に事情を説明した。

「すみません。サラ金被害者の会の相談員をやっています杉本です。申し訳ないんですが、今回こちらのほうで介入して○○さんの債務整理を行いますので、すみませんがそちらにはお返しできないんですよ。ご了承ください」

こういうと、相手は先ほどよりも大きな声を上げて、私を罵《ののし》ってきた。

正直、私にはこの闇金業者に同情したい気持ちもあった。旦那さんは、ほんの二週間前にこの闇金から五万円を借り、四日前に最初の返済をすることになっていた。しかし、一度も返済することなく、要するに「借金を踏み倒す」ということを伝えてきたのだ。闇金側が怒りを爆発させるのも当然だろう。

電話を切った後に、私は旦那さんにこういった。

「○○さん、確かに違法業者である闇金に借金を一切返す必要はないといいました。

でもね、あなたは五万円という金を相手から借りて、それを踏み倒したんですよ。最初にすみませんの一言ぐらいいわないと、向こうだって怒りますよ。自分の都合のために借金をして、最終的にそれを踏み倒したということをしっかりと自覚してください。そういう気持ちがないと、また借金を重ねてしまいますよ」

旦那さんは、「はい」といって私の話を聞いていたが、本当に自覚しているのかどうか心もとない感じだった。

その後も、闇金から何本かの電話がかかってきた。そのたびに旦那さんに電話を取らせ、謝罪の後に、借金返済ができなくなったことを相手側に告げさせた。こうすることを三〇分も続けると、他の闇金からの電話もまったくかかってこなくなった。

そもそも闇金というのはカモリストを共有している場合が多いので、債務者が相談機関などに介入を依頼したとわかると、一斉にその情報も行き渡るようになっている。場合によっては、一つの部屋に異なる業者名を名乗った闇金が入居し、一人のカモをターゲットに次から次へと金を貸していることもあるので、情報の伝達が驚くほど早かったりする。

先ほどまでマナーモードのバイブレーションを震わせ続けていた携帯電話だったが、今はすっかり静かになっている。それを見て奥さんは驚きを隠せない様子だった。

「これでおそらく闇金からの取り立ては止まるでしょう。もしまたかかってきても、絶対に返さないでください。どこか一つでも返したということが闇金業者たちに伝われば、再びカモがよみがえったと思われて、そういう情報が流されますから。奴らは全員グルだということを覚えておいてください」

ついさっきまで顔が引きつり、不安げだった奥さんの表情が明らかに穏やかになっている。元々はにこやかな表情のできるやさしい奥さんなのだろう。

相手が闇金であれば、私のような相談員が対応をすることで問題を解決することができる。闇金側も違法な商売をしていることは百も承知なので、深追いをして警察沙汰になるようなことは絶対にしない。

こうして、一時間足らずの間に、闇金からの債務はすべて解消された。残りのサラ金からの債務については、法的な処理をしなくてはならないので、組織に所属している司法書士などの法律の専門家に関与してもらう必要がある。

幸い、この夫婦にはしっかりとした収入があるので、気持ちを入れ替えて生活を再建していけば、二度と多重債務に陥ることはないだろう。ただし、この生活再建ということこそが、実に難しいことなのであるが……。

多重債務者に忍び寄る悪徳業者

毎日のように厳しい取り立てに悩まされていると、債務者は正しい判断ができなくなる。そうした債務者たちの心の隙間《すきま》をつけ狙って、あくどい商売を繰り広げる業者がいる。彼らの宣伝文句を見ていると、あたかも簡単に融資が受けられたり、債務問題が解決するかのような印象を抱かされるが、これらはすべて「おとり広告」であり、結局は新たな債務を背負ってしまうことになる。

こうした業者はすべてインチキであり、絶対に関わってはならない。すでに耳にしたことがある人もいるかと思うが、代表的なものを紹介しておく。

○紹介屋

スポーツ紙やチラシなどに「おとり広告」を出し、融資をしてくれるサラ金を紹介したふりをして融資額の二〜五割の紹介料を請求する。しかし実際は、何もしていない場合がほとんどで、債務者本人が借りてきたお金を横取りしてしまう。これは明らかに詐欺行為といえる。

○買取屋

クレジットカードのショッピング枠を悪用し、商品の現金化によってお金を騙し取る業者。街中の電柱などに「カードでお金」などというチラシが貼り付けられているが、これらのほぼすべてが買取屋だと思っていい。

多重債務者の多くが、クレジットカードのキャッシングを利用できなくなっているが、ショッピング枠が残っている場合がある。買取屋は、このショッピング枠を使わせて高価な電化製品や金券などを購入させ、購入後にそれらの商品を実際の三〜四割の価格で買い取っていく。

つまり一〇万円の商品が三万〜四万円で買い取られるわけで、確かに一時的に現金が手に入るが、大損をしていることになる。しかし、目先の現金に判断力が鈍り、こうした悪徳業者に引っかかってしまう多重債務者は多い。

○整理屋

電車の車内やインターネットなどで、「あなたの借金を解決します」といった広告を目にすることがある。こうした広告には、弁護士や司法書士の名前が記されているので信用してしまう人も多いのだが、借金の問題が解決されることはまずないといっていい。

相談に訪れると、そこには弁護士や司法書士はおらず、事務長などという肩書の人間が応対する。たいした話もしないのに、「着手金」などの名目で多額のお金を請求し、実際は借金の整理は行わない。広告に記載されている弁護士や司法書士は単に名義を貸しているだけで、整理屋から名義貸し料を受け取っている。

さらに悪質なのは、名義を借りている法律家の名前を使い、本来の債務整理同様に債権者に「受任通知」を送りつけ、債権者からの取り立てがストップしている間に債務者から返済金と称してお金を騙し取っているケースもある。こうした違法業者にも注意が必要だ。

債務者たちにも問題はある

借金が返せないといって相談に来る人に、「どうして借りたのですか?」という質問をしばしば投げかける。すると、多くの人から「生活費のため」という答えが返ってくる。そこには「借りたのは仕方がなかった」というニュアンスが隠されているといっていい。

相談員になったばかりのころは、そうした答えに常に同情し、「何とか助けてあげたい」という一心で相談に乗っていた。ところが、相談受付件数も増え、いろいろなケースに触れていくうちに、債務者たちにも問題があると思える事例に数多く接するようになった。

相談に訪れる人のなかには、自分の収入に見合う以上の生活をし、その結果、生活費が足りなくなってしまったために借金を重ねたという人たちがいる。自分の収入にそぐわない生活をしていたら、生活費が不足するのは当たり前だ。しかし、一度借金をして不足したお金を補うことを覚えてしまうと、金銭感覚は徐々に麻痺していき、それが普通の生活だと勘違いするようになっていく。

「給料のすべてをパチンコにつぎ込み、『生活費』がなくなってしまった。だから『生活費』を補填するためにサラ金を利用しました」という人がいるのだが、これは「ギャンブル」のために借金をしたのであって、「生活費」のために借金をしたわけではない。

借金をする前に、自分の生活水準を見直すことが重要だ。「生活費が不足しているから借金をする」のではなく、「収入がこれだけしかないから、その範囲内で生活をしていく」ということを考えなければ、いつまで経っても苦しい生活からは抜け出せない。

生活が苦しいといいながら、家賃の高い家に住んでいないだろうか。毎日タバコを数箱吸ってはいないだろうか。自動車は本当に必要だろうか。

借金をしてしまう人というのは、自分のなかであらゆるいい訳をし、散財や借金を正当化しようとする傾向が見られる。しかし、どんな理由があろうとも無駄遣いや借金は自分のためにならないということを今一度考えるべきだ。

また、奥さんが働ける状態なのに、専業主婦をさせていないだろうか。頭金もないのに、家をローンで購入してしまったり、勧められるがままに生命保険などに入っていないだろうか。

見栄を張り、背伸びをした身分不相応な生活は、いつか必ず破綻するということを肝に銘じてほしい。

確かに、どうしても金が足りないときも出てくるかもしれない。しかし、いったん借金をしてしまったら、来月からは返済のための金が必要になり、余計に苦しくなっていく。借りることを考える前に、いつ何があっても借金しないで済むように毎月貯金をしていくことのほうが大切だ。

債務整理は外科的手術にしかすぎない

相談機関などの力を借りて多重債務を清算したからといって、決して安心できるわけではない。なぜなら債務整理は〝外科的手術〟にしかすぎず、相談機関の助けを借りれば、誰でもが恩恵を受けることのできる表面上の解決でしかないからだ。実際に肝心なのは、債務整理を行った後の生活である。

抱えていた債務がなくなったのを機に、節約をし、自分の収入の範囲内でやりくりしながら生計を立てていけるようなら問題はないだろう。しかし、節制することができずに相変わらず家計が赤字続きでは、再び生活が苦しくなってしまい、どうしようもなくなってまた借りるという悪循環に陥ってしまう。

債務整理をした人には一定期間の貸出制限が課せられるため、サラ金からは借りられなくなっている。しかし、非合法な闇金からは借りることができるというのが現実だ。

闇金のなかには、債務整理をしたことによって合法的な営業をしているサラ金から借りられなくなった人だけを狙って貸付をしようとする業者も存在する。特に最近の闇金業者は生き残りをかけ、巧妙な罠《わな》を仕掛けながらどうにか貸付をしようとあの手この手を使ってくる。

闇金は非合法な存在のため、警察は取り締まりを強化している。しかし、どんなに取り締まりを強化しようとも、需要があれば必ず供給する側が現れるという構図はいつになってもなくならない。

一度身についてしまった生活習慣や金銭感覚を、一夜にして変えるというのは非常に難しいことだ。自己破産をはじめとした債務整理によって多重債務を整理できたといっても、債務者本人の生活習慣や金銭感覚が変化していなければ、再び闇金に手を出してしまう危険性が付きまとう。

格差社会などの社会構造の歪《ゆが》みにより、仕方がなく多重債務に陥ってしまったという人も確かにいる。一方で、金銭感覚がルーズだったり、甘い勧誘に対して無防備なために借金を膨らましてしまう人も多い。なぜ借金をして、なぜ返せなくなってしまったのか。そして、なぜ債務整理をする羽目になったのか。多重債務に陥ってしまった人は、こうしたことをもう一度じっくりと考えてみてほしい。

住宅ローンや自動車ローンで借金地獄

大都市圏以外では、自宅や自動車をもつことが一種のステータスとなっていることは否《いな》めない。自宅や自動車を所有することを推奨したのは企業でありマスコミであるが、豊かさを実感するものとしてこうしたステータスをありがたがるようになったのは、日本人一人ひとりの意思によるものだ。

もちろん、住宅産業や自動車産業を否定するつもりはない。しかし、気の遠くなるような住宅ローンや身分不相応な自動車のローンを抱え、さらにはサラ金からの借金に苦しんでいる多重債務者を見るたびに、はたしてマイホームや自動車を所有することがそんなに素晴らしいものなのかと頭を傾《かし》げたくなることもある。

本来、マイホームや自動車は、家族を幸せにし、生活を豊かにするためのものだろう。ところが、これらを手に入れるためのローンが負担になり、家族全員の人生を破壊している状況を見かけることがよくある。

では、なぜ住宅ローンや自動車ローンが借金地獄への入り口となってしまうのだろうか。それは、人生には想定外のトラブルが生じるからである。

住宅を所有するために数十年のローンを組んだ人は、当初の返済は大変だが、徐々に昇給していくから大丈夫だとタカをくくる。ところが、昇給しないばかりか、ボーナスカットが平然と実行されれば、当然計画に狂いが生じる。収入が不足しても支出が変わらないとなれば、不足した分をどうにか補填《ほてん》しなければならない。しかし多くの場合、銀行や信用金庫の個人ローンからは融資枠いっぱいに借り入れを行っているし、会社からも借金をしていたりする。

そこで登場するのがクレジットや信販、サラ金の無担保融資で、多くの人たちが当座をしのぐためにこれらの融資を利用している。

その後、会社の業績も良くなり、自分たちの想定どおりに昇給していけば問題ないのだが、収入の不足が持続するとなるとどうなるだろうか。住宅ローンや自動車ローンのほかに新たな借金が加わった分、返済額も増えていくわけで、さらに借入をしなければ返済できない状況に追い込まれていく。こうして多重債務という深みに徐々にはまっていくことになる。

昔の日本はすべての国民にとって右肩上がりの国だった。しかし、今の日本はすべての国民に将来を約束してくれるような国ではない。そういう状況では、一人ひとりがあらゆるトラブルを想定しながら、頭を働かせて生きていかなくてはならない。

マイホームと自動車だけは何がなんでも死守したいと考えている人はまだまだ多い

だろう。しかし、家族や自分を幸せにするはずの自宅や自動車が、家族を追い詰めるための火種になってしまっては本末転倒もいいところだ。マイホームや自動車を所有することがステータスを高めるというような価値観を捨て、賃貸に住み、徒歩や自転車、バス、鉄道で移動することをすんなりと受け入れる価値観を育てることも今後はますます必要になってくると思う。

依存症者の多重債務

多重債務者には、明らかに依存症にかかっていると思われる人がいる。男性に関していえば、多いのは何といってもギャンブル依存症だ。パチンコやスロット、競馬などに日夜のめり込み、借金まみれで首が回らなくなってしまった人がひっきりなしに相談会にやってくる。

私の地元でも、パチンコ、スロット、競馬場、競艇場が身近にあり、まさに「ギャンブル天国」といっても過言ではない。

「ギャンブルで身を崩すのは本人が弱いせいだ」と考えるのが、ごく一般的な意見なのかもしれない。しかし、自分をコントロールできないほどギャンブルにふけってしまうのは、意志の弱さのせいではなく、「ギャンブル依存症」という病気のせいである。現に世界保健機関（WHO）も「ギャンブル依存症」を病気として認定している。

公務員や金融機関の社員が、使い込みや業務上横領で逮捕されるといった事件では、「横領した金はギャンブルや遊興で生じた借金の返済に充てた」というお決まりのフレーズがつきまとう。ギャンブル依存症に端を発した借金苦から逃れるために、詐欺や横領・着服などに発展してしまうケースは決して珍しいことではない。

多くの人が、ギャンブルにのめりこんではいけないと頭ではわかっている。それでもやめられないのは病気だからである。病気であれば、治療を受けて治すことが必要だ。最近では、ギャンブラーズ・アノニマス（http://www001.upp.so-net.ne.jp/ga-japan/）といった自助グループが全国に設立され、依存症から抜け出したいという人なら誰でも無料で参加することができるようになっている。こうしたグループに参加して、ぜひともギャンブル依存症から立ち直ってもらいたい。

一方で、女性に多く見られる依存症として、買い物依存症がある。強迫買い物症と呼ばれることもあり、こちらもれっきとした心の病である。二〇～三〇代の女性に特に多く、買い物でストレスを発散しては、反動で気分が落ち込むということを繰り返す。

買い物依存症の人は、しばしば買い物したいという衝動に見舞われ、実際に買い物をしないと気がすまなくなる。買い物をすると気分が高揚し、女王様になったような快感を得るのだが、帰宅するころには「なぜこんな買い物をしたのか」と落ち込んでしまう。

買い物依存症の人に特徴的なのは、買った物への興味をすぐに失ってしまうことだ。つまり、物が必要だから買うのではなく、ストレス解消の代償行為として「買う」ということを繰り返している。症状を回復させなければ、クレジットカードやサラ金のカードローンにまで手を出すようになり、結局は自己破産するしか術《すべ》がなくなってしまう場合もある。また、万引きといった犯罪行為に手を染めてしまうこともあり、悪化の一途をたどる人たちもいる。

さらに問題なのは、高揚感と落ち込み感を繰り返すうちに自責の念にとらわれるようになり、うつ病を併発してしまう人もいることだ。こうなると精神的により不安定になり、自殺の危険性も生じてくる。たかが買い物依存症と甘く見ていると、取り返しのつかない事態を招きかねない。

最後に、精神科医がまとめた「ギャンブル依存症チェックリスト一〇項目」と「買い物依存症チェックリスト一〇項目」というものがあるので、それを記しておきたい。

それぞれのリストのなかで、自分が当てはまるものが五項目以上あれば、ギャンブル依存症もしくは買い物依存症の疑いが濃厚であると思っていい。その場合は、早期に精神科医や専門家のカウンセリングを受けることをおすすめする。

〈ギャンブル依存症チェックリスト一〇項目〉

①ギャンブルのことを考えて仕事が手につかなくなることがある。
②自由になるお金があると、まず第一にギャンブルのことが頭に浮かぶ。
③ギャンブルに行けないことでイライラしたり、怒りっぽくなることがある。
④一文無しになるまでギャンブルをし続けることがある。
⑤ギャンブルをやめようと努力してみたが、結局駄目だった。
⑥家族に嘘をついてまでもギャンブルをすることがしばしばある。
⑦ギャンブル場に友人や知人がいないほうがよいと思う。
⑧二〇万円以上の借金を五回以上したことがある。あるいは総額五〇万円の借金をしたことがあるのにギャンブルを続けている。
⑨支払い予定のお金を流用したり、財産を勝手に換金してギャンブルに当て込んだことがある。

⑩ギャンブルをやめてほしいと家族に泣かれたり、ギャンブルをやめることを固く約束させられたりしたことが過去に二回以上ある。

〈買い物依存症チェックリスト一〇項目〉

①買い物にとらわれていると感じる（過去の買い物を生き生きと思い返す。次の買い物の計画をいつも立てている。買い物するための金銭を得る方法を常に考えている）。
②快感や興奮を得たいがために、より高額な物を買いたいと思うときがある。
③買い物をするのを抑えたり、買い物にかける金額を減らすなどの努力を繰り返し、成功しなかったことがある。
④買い物にかける金銭の額を減らしたり、買い物をやめたりすると、落ち着かなくなるかイライラする。
⑤問題から逃避する手段として、または不快な気分（無気力、罪悪感、不安、うつなど）を解消する手段として買い物をする。
⑥何らかの理由である物を買いそびれた場合、別の日にまた同じ物を求めて探しに行くことが多い。
⑦買い物へののめり込みを隠すために、家族または医師などに嘘をつく。

⑧買い物の資金を得るために、詐欺、盗み、横領、売春などに手を染めたことがある。
⑨買い物へのめり込んでいるがために重要な人間関係、仕事、学業、職業上の機会を危険にさらしたり、または失ったことがある。
⑩買い物にのめり込んで引き起こされた絶望的な経済状態から脱するために、他人に金を出してくれるように頼んだことがある。

家族や親族による代位弁済は本人のためにならない

以前に私が相談を受けた三〇代の夫婦のケースを紹介してみたい。私は今でもこの夫婦の決断は問違っていたのではないかと思うときがある。

この夫婦のケースでは、夫がパチンコにのめり込み、毎月のように給料の大半を使い込むような生活を送っていた。この夫は、パチンコの資金がなくなるとサラ金から借金をしてパチンコ通いを続けていた。夫が多重債務者となるのは時間の問題で、これまでに妻が夫の両親に泣きついて過去二回にわたって数百万円もの代位弁済をしてもらっていた。

ところが、夫はパチンコをやめることができなかった。挙げ句の果てに家族には内緒でサラ金の不動産担保ローンを勝手に組み、自宅を担保に借金を重ねていったのだった。

しかし、このことも奥さんに発覚してしまい、夫はまさに奥さんに「首根っこをつかまれる」ような状態で、夫婦で私たちのところに相談に来ていた。

いずれ自宅を失う恐れがあるというのに、本人はちっとも悪びれている素振りもなく、そればかりか私の前で妻から厳しく叱責されると、逆に開き直ってしまう始末で、これには私もあきれ返った。

この夫婦には小学生の子どもが二人おり、さらに住宅ローンと自動車ローンも抱えていた。奥さんがこうした事情を私に話しているにもかかわらず、本人は他人事《ひとごと》のような態度を取っている。いったい何を考えているのかわからない夫の腑甲斐《ふがい》なさに、とうとう妻は泣き崩れ、ついには完全にキレてしまった。他の相談者がいるのも構わず、泣き喚きながら夫を口汚く罵る妻。修羅場での阿鼻叫喚とはこのことかと、私は奥さんをなだめることもできずにしばらく呆然とするばかりだった。

このケースでは、夫に一度自己破産させ、自分のしたことの重大さを自覚させるべきだというのが私の考えだったが、奥さんの考えは違っていた。彼女には、夫の借金による自己破産が原因で家と自動車を失うことだけは絶対に許せなかった。そこで、夫の両親から再び借金をして不動産担保ローンを一括返済し、サラ金などからの残りの債務に関しては弁護士に受任してもらって任意整理をするという方法をとることになった。

結果的に本人たちの要望を尊重する形になったわけだが、私としては、自己破産させることによって、人生のどん底体験、いわゆる「底付き体験」をさせるべきだったのではないかと今になっても感じることがある。

この夫婦のように、相談機関の相談会に来る人の一定数が、過去何回か家族や親族の資金援助によって借金を清算した経験があるといっていい。ところが、家族などによる代位弁済には大きな落とし穴があり、必ずしも多重債務者のためになっていないという一面がある。

金を貸す側からすれば、代位弁済をしてくれる家族や親族がいるというのは融資をする際の好条件となる。私が勤めていた会社もそうだったように、表面上は代位弁済を認めないという態度を取ることが多いのだが、どうしても払えないということがわかると、あっさりと代位弁済を認めてしまう業者がほとんどである。さらに、代位弁済をしてくれる家族や親族がいる顧客というのは、クレジット・サラ金業者にとって「借りた金をキチンと返済してくれる優良顧客」に見えてしまう。

では、クレジット・サラ金業者から「優良顧客」という扱われ方をするとどうなるかというと、業者からの執拗な電話やダイレクトメールによる勧誘を次から次へと受けることになる。

人間の心というものは実にもろくできているものだ。度重なる勧誘の言葉に負け、再度借りてしまう人は実に多い。業者にしてみれば彼らは「優良顧客」なので、借入限度額を以前よりも増やしている場合もある。そのため、借金の額が最初から大きくなりがちで、気がつけば再び首が回らなくなっているケースがよく見られる。

また、代位弁済で多重債務を解決した人のなかには、自分が引き起こした多重債務に対して真の反省をしていない人もいる。

確かに、家族や親族に借金の肩代わりを頼む際には必死だったかもしれない。人によっては土下座などをして、どうにか代位弁済をしてもらった人もいるだろう。しかし、代位弁済という解決方法をとる場合、借金返済のために本人は実質的に苦労していない。「喉元を過ぎれば熱さを忘れる」ということわざのごとく、借金返済のつらさなど簡単に忘れてしまう。そのせいか、かなりの確率で借金を繰り返すようになる。

このような事態を回避するためにも、もし家族や親族の多重債務の代位弁済を考えている人がいたら、絶対にやめたほうがいいと私はアドバイスしておきたい。多重債務を解決するのであれば、本人が法的手続きによる債務整理をすればいいだけのことだ。そうすることによって、本人の名前をブラックリストに載せさせ、借金ができないようにすることもできる。息子や娘のために代位弁済をしてしまう親が多いのだが、実際は本人たちのためになっていない場合も多いということを認識してほしい。

多重債務問題の解決には家族の協力が不可欠

借金をしてしまったのであれば、そのことをいつまでも後悔していても仕方がない。重要なのは今後どのように生活を再建していくかである。

多重債務に陥っていることを家族に隠し、誰にも相談できずにストレスを溜め込んでいる夫や妻、子どもたちがたくさんいる。家族に隠し事をしていれば、自然と精神が不安定になっていき、心身ともに障害をきたしていく。家族に借金がばれないようにと、自らの存在を家族から遮断していってしまうというのは悲しいことだ。

任意整理や特定調停などの債務整理を行ったとしても、残った債務を返していくというのは、そんなにたやすいものではない。その道のりは、「完済」というゴールを目指して走るマラソンのようでもある。あまり突っ走りすぎても駄目だし、のんびりしすぎてもいけない。ペース配分をよく見極めて、慎重に一歩一歩進んでいかなくてはならない。そのためにはどうしても家族とのコミュニケーションや家族からの協力が必要になる。

家族とのコミュニケーションがないままに多重債務生活が深刻化していけば、いずれ破綻が生じ、場合によっては児童虐待や家庭内暴力、離婚、失踪《しっそう》、家族間での殺傷事件などの形となって家庭崩壊を招く恐れもある。

夫や妻、両親に借金のことを打ち明けるのは容易ではないかもしれない。しかし、勇気をもって正直に打ち明けてほしい。そうすることによって、少なくとも家族に隠し事をしているというプレッシャーから解き放たれ、今の借金を整理して人生をやり直すんだという希望が生まれてくるはずだ。

サラ金CMの完全規制はできないのか

二〇〇六年六月、大手サラ金七社（武富士、アコム、プロミス、アイフル、三洋信販、レイク、CFJ）が「借りすぎ防止キャンペーン」というテレビCMを中心としたメディア戦略を展開した。

ＣＭは、「まだ大丈夫……、まだ大丈夫……」という男性のつぶやき声と共にコップの中に水が注がれていき、ついには水があふれ出てしまうというもので、ＣＭの最後には「ストップ！　借りすぎ」というフレーズが映し出されていた。

サラ金に対する世間の目が厳しくなったことへの対応としてこうしたキャンペーンを繰り出してきたのだろうが、私にはこのキャンペーンが支離滅裂にしか見えなかった。

仮にサラ金が「ストップ！　借りすぎ」というのなら、まずはあらゆる広告をやめることから始めるべきではないだろうか。それなのに、従来とは違った形とはいえ広告を出して企業ＰＲをしようというのだから、ふざけた話だといわざるを得ない。

さらに、このＣＭでは「無理な借り入れは、家計を破綻させる原因となります」というテロップが流れていた。しかし、「無理な借り入れ」が「家計を破綻させる」のではなく、「あらゆる借り入れが家計を破綻させる」というのが実際には正しいのである。

要するにこのＣＭの意図は、「ストップ！　借りすぎ」にあるのではなく、「コップ一杯までだったら、ぜひ消費者金融をご利用ください」という貸付促進キャンペーンだったといえる。本来あるべき姿でのキャンペーンを展開するのであれば、すべてのサラ金の広告に「消費者金融の利用は、人生を破滅させる危険性があります」という文言を入れることを義務づけるべきだ。

また、こうした広告を流しつづけるメディアに問題はないのか検証する必要もある。グレーゾーン金利を批判するメディアはあったが、サラ金ＣＭに対する徹底的な広告規制をするところはほとんどないのが実情だ。

元大手サラ金会社社員という立場からいわせてもらえば、サラ金を利用したり、借入をすること自体がすでに「無計画」である。サラ金の広告を完全規制できないのであれば、せめてタバコのパッケージほどのレベルにまで警告の程度を高めるべきなのではないだろうか。

ちなみにタバコのテレビＣＭに関しては、一九九八年にすでに全面禁止となっている。タバコとサラ金を安易に一緒くたにできないのはわかっているが、国民の二〇〇万人以上が多重債務に陥っているという事実を考えてみれば、もっと厳しい規制をかけるべきだと思う。

終章

少し前のことになるが、ある自治体が開設している「クレサラ一一〇番」で、多重債務に苦しんでいる人たちの相談を受け付ける機会があった。

その日、三件目の電話相談は、三〇代後半の主婦からのものだった。夫の借金のことで電話をしてきたという彼女だったが、詳しく聞いてみると、彼女の夫は五日前に自殺したという。

相談をすることで、夫が死んだという事実に改めて向き合うことを強いられた奥さんは、電話口で声を殺しながら泣いている。彼女の悲しさは、私にもひしひしと伝わってきたが、今の私には話をしっかりと聞き、彼女が今できることを適切にアドバイスしてあげることしかできない。

彼女のご主人は四〇代半ばの人だった。仕事が少なくなって収入が減ってしまったことが借金の原因だった。

夫婦には小学生と中学生の子どもがいた。子どもには貧しい思いをさせたくないとの考えから、収入ではどうしてもまかないきれない養育費を借りてしまったことが悲劇の始まりだった。

最初は銀行やクレジット会社から借りていた。そこまではどうにかなっていたのだ。しかし、最終的にはサラ金にまで手を出すようになり、気がつけば合計七社から八〇〇万円もの債務を負うようになっていた。

こうなると、連日のようにサラ金からの取り立てが行われる。こうした執拗な取り立てに耐えられなくなったご主人は、八日前にいなくなった。

ご主人は自動車に乗って家から出ていった。しかし、夜になっても帰らず、さらに携帯もつながらなかったため、心配になった奥さんは警察に捜索願を出した。

失踪から三日目のこと。警察から奥さんに連絡があり、ご主人のものと思われる自動車が家から二〇キロ離れた山中に放置されているのがわかり、さらにご主人が車内で排ガス自殺をしていたことも確認された。

失踪してからの三日間、ご主人はどんな気持ちで車を走らせていたのだろう。奥さんや子どもたちのことを考えながら、さまざまな思いをめぐらせていたに違いない。そして同時に、自らの死に場所を探していた……。ご主人の心中にほんの少しだけ触れたような気がした私は、胸が張り裂けそうな思いになり、涙を止めることができなかった。

直接奥さんの話を聞くべきだと思った私は、奥さんに相談会場まで来てもらうようにお願いをした。

奥さんからの具体的な相談内容は、団信（消費者信用団体生命保険）を使った返済の方法を教えてほしいということだった。

ご主人は几帳面な人だったらしく、これまでの取引の契約書や領収書などの書類をすべて整理して保管していた。また、奥さんに宛《あ》ててご主人が書いた遺書を見せてもらったのだが、それにはこう書かれていた。

「こんなろくでもない夫でごめんなさい。こんなろくでもない人間がこの世にいては駄目です。私の人生は、この時点で自分の手によって終止符を打ちます。私はここで身を引かせていただきます」

それを読んだ私はどうにも耐えられず、「何も死ぬことはないじゃないか」と声を上げて泣いた。

さらにやるせなかったことは、ご主人が保管していた書類を調べてみると、過払いになっていたことだ。つまり、本当はもう返さないでもよかったお金のためにご主人は死んだのだ。

「どんなに借金で苦しんでいようが、夫にはずっと生きていてほしかった」

奥さんの訴えを耳にして、私にはただただ涙を流すことしかできなかった。

どうしてもっと早く相談に来てくれなかったのか。どうして開き直ってくれなかったのか。ブラックリストに載ろうが、金融事故者になろうが、別にいいじゃないか。借金なんていうものは、所詮借金でしかない。奥さんも、借金があろうともずっと一緒に生きていきたいと思っていたのだ。

家族を残し、自殺というもっとも避けるべき解決方法をとってしまったご主人が、私には恨めしくて仕方がなかった。恥も外聞もかなぐり捨て、あともう少し早く相談に来てくれさえすれば、死なずにすんだのだ。

借金を重ねるだけ重ね、まだ一年も経っていないのに、「これって過払いですかね」とヘラヘラ笑いながら相談会に来る二〇代の若い連中もいる。こういうどうしようもない奴らに比べれば、実際に過払いになるまで借金を返済し続けてきた人たちは、何ら恥じるところはないといってもいいくらいだ。

家族を残してまで死ぬことはない。つらいのはわかるが、まずは相談してほしい。

借金をした人がどんどん追い詰められて自殺をしているというのに、貸した側が自殺をしたという話は聞いたことがない。つまり貸し手は、貸したことに対する責任をあまり深刻に感じていないということだ。だったら、借金をした側も命を投げ出してまで責任を取る必要はまったくない。本来、貸し手と借り手の責任は五分五分のはずである。ましてや、貸し手の最たるところである銀行などは、国民から税金を注入してもらうことによって生き延びている。

これほどまでにサラ金や闇金がのさばってしまったのは、本来なら適正な金利で融資すべき銀行や信用金庫などの貸し渋りや貸しはがしが影響していることははっきりしている。多重債務者は借金を「返さない」のではなく、「返したくても返せない」だけなのだ。

貸し手は事務的に貸し、事務的に回収するだけだ。それがシステムであり、仕事として回収業務をしている。そこには「勘定」はあるが「感情」は一切存在しない。そうであれば、借りた側も感情で動く必要はない。

借金を返さないからといって、命までは取られない。借金問題を解決するということは、借金をしてしまった自分の心の問題を解決することであり、夜逃げと自殺では絶対に問題解決に至らない。そもそも死ぬほどの勇気があるのならば、多重債務の問題などは容易に解決することができる。

警察庁の発表によると、一九九八年から二〇〇五年まで、八年連続で自殺者総数が年間三万人を突破している。

特にこのところの際立った特徴としては、「経済苦・生活苦」による自殺の比率が高いことが挙げられ、二〇〇五年の統計では自殺者三万二五五二人のうち、七七五六人が「経済苦・借金苦」によって自殺したものであると推測されている。

「経済苦・借金苦」が原因であれば、多くの人が多重債務に陥っていたと考えるのが自然であり、こうした自殺者数の多さからも多重債務問題の深刻さを読み取ることができる。

〇七年夏には、全国クレジット・サラ金被害者連絡協議会（被連協）が、借金苦による自殺を思いとどまらせるための看板を山梨県の青木が原樹海に設置した。看板には相談先の電話番号と共に、「借金の解決は必ず出来ます！　私も助かりました。まずは相談しましょう」という文言が書かれている。

被連協には、実際にこの看板を見たという多重債務者から相談が寄せられているという。

これまで述べてきたように、多重債務の法的解決をすることは決して難しいことではない。さらに、テレビや新聞、雑誌などでもグレーゾーンの撤廃や過払い金に関する問題が頻繁に取り上げられたこともあり、サラ金や闇金からの借金が原因で自殺する必要はないという認識が社会に定着してきている。

それなのに、まだまだ多くの多重債務者たちがこうした認識を共有していないという現実がある。

これには多重債務の当事者たちの心理状態が影響している。借金の問題で日々苦しんでいる人にとっては、それが自分にとって救いとなる情報であろうとも、「サラ金」や「多重債務」などの言葉がちらつくだけで、拒否反応を示してしまう傾向があるのだ。彼らにとって、これらの単語は忌まわしいもの以外の何ものでもない。

情報は氾濫《はんらん》しているのに、見ない。非常に残念なことだ。こうした情報に目を背けず、しっかりと向き合ってほしい。

また、多重債務を負っている家族や知人、友人などがいれば、「多重債務の問題は必ず解決できる」ということを彼らに教えてあげてほしい。

本書では、私の個人的な経験を通して、サラ金や多重債務の問題について語ってきた。この本に書かれていることが、多重債務の問題全体の改善のために少しでも役に立つことがあればと願っている。

借金は所詮借金であり、たかが金の問題である

本書の中でも述べたこの言葉を、最後にもう一度書き記し、ペンをおきたいと思う。

杉本哲之

巻末資料

債務問題解決のための相談窓口一覧

日本司法支援センター

法テラス
TEL0570-078374《おなやみなし》（平日9：00〜21：00 土曜日9：00〜17：00）
ホームページ http://www.houterasu.or.jp/

全国クレジット・サラ金被害者連絡協議会

事務局
〒101-0047　東京都千代田区内神田2-7-2　育文社ビル3F
TEL03-5207-5507

北海道

札幌陽は昇る会
〒060-0051　北海道札幌市中央区南一条東4　児玉健次事務所内　TEL011-232-8605

はまなすの会
〒085-0841　北海道釧路市南大通3-3-6　ミナミハイツ102
TEL0154-43-2885

東　北

みやぎ青葉の会
〒980-0801　宮城県仙台市青葉区一番町1-17-20　グランドメゾン片平502　TEL022-711-6225

岩手県商工団体連合会・民主商工会・ウミネコ道場
〒027-0073　岩手県宮古市緑が丘3-31　宮古民商内
℡0193-63-1346

盛岡クレ・サラ被害者の会・きつつきの会
〒020-0015　岩手県盛岡市本町通1-15-27　石川法律事務所気付　℡019-623-2414

遠野かりんの会
〒028-3523　岩手県遠野市中央通り5-19
℡0198-62-4042

いわきコスモスの会
〒970-8051　福島県いわき市平字六町目5-12　いわき民商会館内　℡0246-24-1144

秋田なまはげの会
〒010-0951　秋田県秋田市山王6-7-13　秋田ビル1F
℡018-862-2253

関東・甲信越

桐生ひまわりの会
〒376-0011　群馬県桐生市相生町3-121
℡0277-55-1400

前橋ケヤキの会
〒371-0844　群馬県前橋市古市町1-2-20
℡027-251-6275

足利地区クレ・サラ被害者の会
〒326-0021　栃木県足利市山川町97-2　足利民商内
℡0284-42-8545

新潟あゆみの会
〒950-0076　新潟県新潟市沼垂西3-10-14　新潟民商内
℡025-243-0141

ながのコスモスの会
〒380-0837　長野県長野市西後町625-6　ヤマニビル3F
℡026-238-6330

中南信コスモスの会
〒394-0028　長野県岡谷市本町2-6-47　信州しらかば法律事務所内　℡0266-23-2393

東信コスモスの会
〒386-0012　長野県上田市中央4-9-7
℡0267-64-8786

首都圏

太陽の会
〒101-0047　東京都千代田区内神田2-7-2　育文社ビル3F
℡03-5207-5520

大地の会
〒101-0047　東京都千代田区内神田2-7-2　育文社ビル3F
℡03-3251-7555

はばたきの会
〒171-0031　東京都豊島区目白3-28-4
℡03-3950-6018

川の手市民の会
〒120-0026　東京都足立区千住旭町19-7　シティハイムSUZUKI　℡03-3870-7811

再起の会
〒182-0024　東京都調布市布田4-19-1　ライオンズプラザ調布202　調布みなみ司法書士事務所内　℡0424-86-5520

ちば菜の花の会
〒260-0013　千葉県千葉市中央区中央4-14-1　千葉不動産ビル3F　℡043-443-2435

あさひ会
〒254-0016　千葉県千葉市若葉区大宮町2178－011
℡043-265-4430

船橋菜の花の会
〒273-0011　千葉県船橋市湊町1-1-15　船橋弁護士ビル6F
℡047-495-5077

しおさいの会
〒238-0006　神奈川県横須賀市日の出町1-5　松岡均司法書士事務所内　℡046-825-2008

横浜南クレサラネット市民の会
〒244-0003　神奈川県横浜市戸塚区戸塚町3929
℡045-861-3009

ヨコハマかもめの会
〒231-0003　神奈川県横浜市港南区上大岡西2-6-30　マルヨビル2F　TEL045-844-1747

夜明けの会
〒363-0023　埼玉県桶川市朝日2-12-23
TEL048-774-2862

さやま・あすなろ会
〒350-1302　埼玉県狭山市東三ツ木2-16　天都ビル203
TEL04-2955-6717

東海・北陸

静岡ふじみの会
〒420-0856　静岡県静岡市葵区駿府町1-56　山柴ビル2F
TEL054-270-4955

愛知かきつばたの会
〒462-0813　愛知県名古屋市北区山田町1-30　すずやマンション大曽根2F　TEL052-916-9131

西濃れんげの会
〒503-0982　岐阜県大垣市久徳町560番地
TEL0584-92-3307

岐阜れんげの会
〒502-0939　岐阜県則武西2-1-17
TEL058-294-5900

滋賀県クレジット・サラ金被害をなくす会連絡会
〒520-0044　滋賀県大津市京町3-4-12　アーバン21　滋賀第一法律事務所内　℡077-522-2118

金沢あすなろ会
〒920-0024　石川県金沢市西念2-25-20　ドリーム7シンフォニー203号　℡076-262-3454

福井クレジット・サラ金・悪徳商法被害をなくす会 福井まんさくの会
〒910-0019　福井県福井市春日1-3-22
℡0776-88-0121

三重はなしょうぶの会
〒510-0064　三重県四日市市新正4-15-7　四日市民主商工会気付　℡0593-26-3856

関　西

いちょうの会
〒530-0047　大阪府大阪市北区西天満4-2-7　昭栄ビル2F
℡06-6361-0546

クレ・サラ・商工ローンの被害をなくす吹田市民の会 さざなみ
〒564-0013　大阪府吹田市川園町20-1　吹田民商内
℡06-6383-2211

尼崎あすひらく会
〒661-0021　兵庫県尼崎市名神町1-9-1　尼崎民主共同センター内　℡06-6426-7243

神戸あすひらく会
〒653-0003　兵庫県神戸市長田区宮川町1-19-1
℡078-611-3850

クレジット・サラ金被害者宝塚の会　スプーンの会
〒665-0863　兵庫県宝塚市三笠町1-9　宝塚民商内
℡0797-84-7829

あざみの会
〒640-8269　和歌山県和歌山市小松原通り5-15　IKEJIRIビル2F　℡073-424-6300

平安の会
〒604-8135　京都府京都市中京区東洞院通三条下る三文字町200　ミックナカムラ204　℡075-212-2300

奈良若草の会
〒630-8253　奈良県奈良市内侍原町6　奈良県林業会館2F 26号室　℡0742-25-0525

中　国

倉敷つくしの会
〒710-0052　岡山県倉敷市美和2-5-10
℡086-424-8029

真庭つくしの会
〒719-3205　岡山県真庭市久世3253
℡0867-42-0443

広島つくしの会
〒730-0012　広島県広島市中区上八丁堀8-6　長東ビル
TEL082-221-6433

福山つくしの会
〒720-0052　広島県福山市東町2-3-23
TEL084-924-5070

尾道つくしの会
〒722-0014　広島県尾道市西御所町1-27
TEL0848-23-8228

呉つくしの会
〒737-0051　広島県呉市中央3-2-27　島崎法律事務所ビル1F
TEL0823-22-7265

三次つくしの会
〒728-0012　広島県三次市十日市中3-15-30
TEL0824-63-3460

松江つくしの会
〒690-0065　島根県松江市灘町116　松江民商内
TEL0852-25-3456

米子クレ・サラ・ヤミ金被害対策協議会
〒683-0052　鳥取県米子市博労町3-90　米子民商会館内
TEL0859-38-0360

四　国

高知うろこの会
〒780-0870　高知県高知市本町4-7-37　高知県社会福祉センター3F　℡080-1995-9030

高松あすなろの会
〒760-0078　香川県高松市今里町2-29-15　3F
℡087-834-6661

松山たちばなの会
〒790-0867　愛媛県松山市北立花町6-1
℡089-935-7278

宇和島たちばなの会
〒798-0015　愛媛県宇和島市和霊元町3-4-25
℡0895-26-6451

藍の会
〒770-0024　徳島県徳島市佐古四番町7-2
℡088-622-1268

九州・沖縄

しらぬひの会
〒836-0843　福岡県大牟田市不知火町2-1-8　不知火合同法律事務所内　℡0944-52-4331

ひこばえの会
〒810-0041　福岡県福岡市中央区大名2-2-51　コーポラス吉田501　TEL092-761-8475

小倉めかり会
〒802-0043　福岡県北九州市小倉北区足原2-7-16
TEL093-922-8272

八幡めかり会
〒807-0824　福岡県北九州市八幡西区光明1-7-10
TEL093-603-2739

京築めかり会
〒824-0003　福岡県行橋市大橋2-18-20　京築民主会館内
TEL0930-23-0977

筑豊地区サラ金問題対策協議会
〒820-0005　福岡県飯塚市新立石6-16　弁護士ビル2F
TEL0948-25-5903

おんがの会
〒822-0015　福岡県直方市新町3-3-42　吉村拓法律事務所内
TEL0949-25-0411

クレサラ被害をなくすネットワーク
〒830-0022　福岡県久留米市城南町12-22　谷ケ部公治事務所内　TEL0942-34-9333

長崎あじさいの会
〒850-0033　長崎県長崎市桜町5-6　森ビル1F
TEL095-822-0610

まなびの会
〒870-0047　大分県大分市中島西1-3-19
TEL097-534-8174

大分どんこ道場
〒870-0047　大分県大分市牧1-23-1　大分民商内
TEL097-503-1319

大地の会
〒860-0801　熊本県熊本市安政町2-23　岡上ビル503
TEL096-351-7400

鹿児島くすのきの会
〒892-0816　鹿児島県鹿児島市山下町12-12　一二三ビル201
TEL099-226-1725

沖縄クレジット・サラ金被害をなくす会
〒902-0065　沖縄県那覇市壷屋2-5-7　宮里徳男事務所内
TEL098-836-4851

日本司法書士会連合会

北海道

札幌司法書士会
〒060-0042　北海道札幌市中央区大通西13-4
℡011-281-3505

函館司法書士会
〒040-0033　北海道函館市千歳町21-13桐朋会館内
℡0138-27-0726

旭川司法書士会
〒070-0901　北海道旭川市花咲町4
℡0166-51-9058

釧路司法書士会
〒085-0833　北海道釧路市宮本1-2-4
℡0154-41-8332

東　北

宮城県司法書士会
〒980-0011　宮城県仙台市青葉区上杉3-3-16　SAビル
℡022-263-6755（2008年10月以降移転予定）

福島県司法書士会
〒960-8022　福島県福島市新浜町6-28
℡024-534-7502

山形県司法書士会
〒990-0041　山形県山形市緑町1-4-35
℡023-623-7054

岩手県司法書士会
〒020-0015　岩手県盛岡市本町通2-12-18
℡019-622-3372

秋田県司法書士会
〒010-0951　秋田県秋田市山王6-3-4
℡018-824-0187

青森県司法書士会
〒030-0861　青森県青森市長島3-5-16
℡017-776-8398

関東・甲信越

茨城司法書士会
〒310-0063　茨城県水戸市五軒町1-3-16
℡029-225-0111

栃木県司法書士会
〒320-0848　栃木県宇都宮市幸町1-4
℡028-614-1122

群馬司法書士会
〒371-0023　群馬県前橋市本町1-5-4
℡027-224-7763

山梨県司法書士会
〒400-0024　山梨県甲府市北口1-6-7
℡055-253-6900

長野県司法書士会
〒380-0872　長野県長野市妻科399
℡026-232-7492

新潟県司法書士会
〒951-8063　新潟県新潟市中央区古町通十三番町5160
℡025-228-1589

首都圏

東京司法書士会
〒160-0003　東京都新宿区本塩町9-3 司法書士会館2F
℡03-3353-9191

神奈川県司法書士会
〒231-0024　神奈川県横浜市中区吉浜町1
℡045-641-1372

埼玉司法書士会
〒330-0063　埼玉県さいたま市浦和区高砂3-16-58
℡048-863-7861

千葉司法書士会
〒261-0001　千葉県千葉市美浜区幸町2-2-1
℡043-246-2666

東海・北陸

静岡県司法書士会
〒422-8062　静岡県静岡市駿河区稲川1-1-1
TEL054-289-3700

愛知県司法書士会
〒456-0018　愛知県名古屋市熱田区新尾頭1-12-3
TEL052-683-6683

三重県司法書士会
〒514-0036　三重県津市丸之内養正町17-17
TEL059-224-5171

岐阜県司法書士会
〒500-8114　岐阜県岐阜市金竜町5-10-1
TEL058-246-1568

福井県司法書士会
〒910-0019　福井県福井市春山1-1-14福井新聞さくら通りビル2F　TEL0776-30-0001

石川県司法書士会
〒921-8013　石川県金沢市新神田4-10-18
TEL076-291-7070

富山県司法書士会
〒930-0008　富山県富山市神通本町1-3-16　エスポワール神通3F　TEL076-431-9332

関　西

大阪司法書士会

〒540 0019　大阪府大阪市中央区和泉町1-1-6

℡06-6941-5351

京都司法書士会

〒604-0973　京都府京都市中京区柳馬場通夷川上ル5-232-1

℡075-241-2666

兵庫県司法書士会

〒650-0017　兵庫県神戸市中央区楠町2-2-3

℡078-341-6554

奈良県司法書士会

〒630-8325　奈良県奈良市西木辻町320-5

℡0742-22-6677

滋賀県司法書士会

〒520-0056　滋賀県大津市末広町7-5　滋賀県司調会館2F

℡077-525-1093

和歌山県司法書士会

〒640-8145　和歌山県和歌山市岡山丁24番地

℡073-422-0568

中　国

広島司法書士会
〒730-0012　広島県広島市中区上八丁堀6-69
TEL082-221-5345

山口県司法書士会
〒753-0048　山口県山口市駅通り2-9-15
TEL083-924-5220

岡山県司法書士会
〒700-0816　岡山県岡山市富田町2-9-8
TEL086-226-0470

鳥取県司法書士会
〒680-0022　鳥取県鳥取市西町1-314-1
TEL0857-24-7013

島根県司法書士会
〒690-0884　島根県松江市南田町26
TEL0852-24-1402

四　国

香川県司法書士会
〒760-0022　香川県高松市西内町10-17
TEL087-821-5701

徳島県司法書士会

〒770-0808　徳島県徳島市南前川町4-41
℡088-622-1865

高知県司法書士会

〒780-0928　高知県高知市越前町2-6-25高知県司法書士会館
℡088-825-3131

愛媛県司法書士会

〒790-0062　愛媛県松山市南江戸1-4-14
℡089-941-8065

九州・沖縄

福岡県司法書士会

〒810-0073　福岡県福岡市中央区舞鶴3-2-23
℡092-714-3721

佐賀県司法書士会

〒840-0833　佐賀県佐賀市中の小路7-3
℡0952-29-0626

長崎県司法書士会

〒850-0032　長崎県長崎市興善町4-1 興善ビル8F
℡095-823-4777

大分県司法書士会

〒870-0045　大分県大分市城崎町2-3-10
℡097-532-7579

熊本県司法書士会
〒862-0971　熊本県熊本市大江4-4-34
TEL096-364-2889

鹿児島県司法書士会
〒890-0064　鹿児島県鹿児島市鴨池新町1-3 司調センタービル3F　TEL099-256-0335

宮崎県司法書士会
〒880-0803　宮崎県宮崎市旭1-8-39-1
TEL0985-28-8538

沖縄県司法書士会
〒900-0006　沖縄県那覇市おもろまち4-16-33
TEL098-867-3526

STAFF
校正／秦 玄一・小林興二朗
本文デザイン・DTP／笠井克己（ザ・ライトスタッフオフィス）
編集協力／野口孝行（ザ・ライトスタッフオフィス）
編集／吉田兼一（小学館）

本書のプロフィール

本書は、当文庫のための書き下ろし作品です。

シンボルマークは、中国古代・殷代の金石文字です。宝物の代わりであった貝を運ぶ職掌を表わしています。当文庫はこれを、右手に「知識」左手に「勇気」を運ぶ者として図案化しました。

「小学館文庫」の文字づかいについて

- 文字表記については、できる限り原文を尊重しました。
- 口語文については、現代仮名づかいに改めました。
- 文語文については、旧仮名づかいを用いました。
- 常用漢字表外の漢字・音訓も用い、
難解な漢字には振り仮名を付けました。
- 極端な当て字、代名詞、副詞、接続詞などのうち、
原文を損なうおそれが少ないものは、仮名に改めました。

元《もと》サラ金《きん》マン懺悔《ざんげ》の告白《こくはく》　実録《じつろく》「取《と》り立《た》て屋《や》」稼業《かぎょう》

著者　杉本哲之《すぎもとてつゆき》

二〇〇八年一月十二日　初版第一刷発行

編集人――飯沼年昭
発行人――佐藤正治
発行所――株式会社　小学館
〒一〇一-八〇〇一
東京都千代田区一ツ橋二-三-一
電話　編集〇三-三二三〇-五六一七
販売〇三-五二八一-三五五五

印刷所――図書印刷株式会社

デザイン――奥村靫正

 ISBN978-4-09-418719-9

小学館文庫